공연예술과
글로벌 마케팅

공연예술과 글로벌 마케팅

글로벌 마케팅 사례를 중심으로

김 유 리

한국문화사

공연예술 글로벌 마케팅 분야는 국내에서는 연구의 초창기에 있는 아직은 일반인들에게는 낯선 학문의 한 분야이다. 국내에서 이 분야가 학계에 관심을 받으며 신 연구영역으로 부각된 것은 최근의 일이다. 물론 이러한 새로운 학문이 등장하게 된 이유는 국내의 공연업계의 상황과 무관하다고 볼 수 없다. 국내외의 많은 대학에서는 최근 들어 예술경영학과뿐만 아니라 공연관련 학과들 또한 신설되고 있는 중이며, 정부에서도 공연예술분야의 해외 진출사업를 지원하고 있는 중이다.

공연예술 산업분야가 정부와 학계의 관심을 받고 있는 가장 큰 이유 중의 하나는 수익성의 면에 있어 고부가가치 산업으로서의 역할을 톡톡히 해내고 있다는 것이다. 이러한 수익성을 바탕으로 21세기를 맞이하면서부터 난타와 같은 한류에 기반을 둔 공연예술 작품이 해외시장에 진출함으로써 전 세계에서는 우리 공연예술문화에 대한 관심이 증가되고 있다. 더욱이 현재는 이를 기반으로 우리의 공연작품을 개발하려는 노력들이 이어지고 있는 추세이다. 특히 공연예술산업은 작품의 수익성에 있어 하나의 작품이 한 국가에서 성공을 거두면 그 작품이 연속적으로 다른 국가에서도 작품으로 재공연되어 성공할 수 있는 특징을 지니고 있다.

산업의 고부가가치적인 측면에 있어 국내의 다양한 공연작품들을 해외에 마케팅할 수 있는 전략수립 노하우를 기르는 것이 공연예술 마케팅 분야에서 가장 시급히 요청되는 난제이다. 그러나 아직 전 세계적으로도 공연예술 글로벌 마케팅 분야와 관련된 체계적인 연구는 찾아보기 어려운 실정이다. 공연예술 글로벌 마케팅 연구들이 활성화되기 위해서는 국가적으로 해외공동 연구사업들을 지원해주어야 하며, 공연예술산업에 있어 기업들과 학계, 정부에서 국제적인 규모의 행사들을 적극적으로 후원해 주어야 한다.

공연예술의 효과적인 마케팅을 위해서는 우선 국제적인 공연예술의 트렌드를 분석하는 일이 병행되어야 한다. 해외 공연예술 시장의 트렌드 분석을 바탕으로 한국 공연예술작품을 기획하여 제작한다면 마케팅 또한 그리 어렵지 않은 일이 될 것이다. 물론 해외시장의 트렌드 분석도 넓게는 마케팅과정에 포함되지만, 이 책에서는 제외하기로 하겠다. 아직은 공연예술 글로벌 마케팅 분야에 쉽게 접할 수 있는 개론서조차도 찾아보기 드문 현실을 염두에 두고, 필자는 이 책을 우선 국내 대학에서 공연예술 글로벌 마케팅 강의 초보자들을 위해 필자의 그간 강의노트와 이 분야와 관련된 논문들을 정리하여 입문서로서 집필하였다.

특별히 이 책은 필자가 국내외 대학에서 강의한 내용을 바탕으로 하여 구성된다. 이 책은 크게 '이론과 사례'라는 두 가지 틀로 구성된다. 이론부분에서는 공연예술 글로벌 마케팅의 개념을 정립하기 위해 글로벌 마케팅의 일반이론들을 공연예술 분야에 적용시켜 설명하였다. 사례부분에서는 필자의 글로벌 마케팅 이론 부분을 실제적으로 적용한 공연 마케팅 기획사례로서 국내 공연예술 글로벌 마케팅 전략 수립 프로젝트를 소개했다.

이 책의 출판에 도움을 준 내 공연예술 마케팅 강의를 들은 학생들에게 이 자리를 빌려 고마움을 전하고 싶다. 마지막으로 이 책을 출판할 수 있도록 지원해 주신 한국문화사에 깊은 사의를 표한다. 무엇보다 계속적으로 학문의 길을 인도하시는 하나님께 감사드린다.

2014년 8월 서울에서　김유리

차
례

part 2　국가별 공연예술 국제마케팅 기획안 사례

공연예술 산업의 이해

1. 공연예술과 마케팅

공연 문화예술이란 무엇인가에 대한 정의를 내리기에 앞서 우선 문화에 대한 확실한 개념을 정립하는 것이 필요한 것으로 보인다. 문화는 크게 협소한 관점과 확장된 관점으로 나누어 정의될 수 있다.

문화에 대한 어원적인 기원은 서양의 고대 그리스 시대로 거슬러 올라간다. 이때부터 협소한 관점에서 문화에 대한 정의가 출발된 것으로 보인다. 협소한 관점에서의 문화는 문화예술이나 지식이라는 특정한 계층에 국한된 용어로 제한되어 사용되어왔다. 고대 그리스에서는 종교적 의식과 관련되어 특정한 종교단체에 속하기 위해서 적어도 일정한 정도 이상의 지식과 교양을 갖출 것이 요구되었다. 이러한 종교단체에 속하기 위한 지식과 교양이 문화라는 의미로 사용되기 시작했다. 계속하여 그리스에서는 아리스토텔레스에 의해 정의된 협소한 관점에서의 문화의 의미가 점점 인간의 이성과 연관되어 학문적인 체계나 지적 사고와 연관되어 정의되었다. 이를 바탕으로 서양에서는 학문과 기독교가 연관을 맺으며 많은 대학교들이 설립되었다.

이러한 협소한 문화의 의미에서 벗어나 확장된 의미로서 문화인류학자와 행동과학자들은 인간이 사고하고, 생활하는 방식의 총합을 문화라고 지칭한다.

타일러는 『원시문화』(Primitive Culture)에서 "민속지적 의미에서 폭넓게 받아들여지는 문화 혹은 문명이란 지식, 믿음, 예술, 도덕, 법, 관행 그리고 사회의 성원으로서 획득한 그 외의 다른 능력과 관습을 포괄하는 복합적 총체이다."로 정의하였다. 그에 의하면 문화는 특정계층에서 향유하는 문화예술이나 지식을 넘어 인간의 삶에서 나와 그가 속한 사회의 성원으로부터 받아들여지는 모든 사고와 행동방식으로 확장되어 정의내려질 수 있다. 즉 확장된 의미로서의 문화는 특정한 사회 내에서 일정기간동안 성원 내의 상호작용에 의하여 받아들여지고, 만들어진 정신적. 행동적. 물질적인 면을 포함한 복합적인 총체로 정의내려질 수 있다. 여기에는 예술뿐만 아니라 대중문화등도 모두 포함되는 포괄적인 의미로 해석된다.

그렇다면 공연예술 마케팅에서 널리 통용되고 있는 공연 문화예술은 무대에서 행해지는 대중문화예술로 까지 확대해석 해 볼 수 있겠다.

아직은 우리나라뿐만 아니라 전 세계적으로 이런 공연예술에 대한 구체적인 개념이나 범위 체계화 되어 있지 않은 실정이다. 공연예술의 광범위한 개념정의는 빠른 시일 내에 공연예술 강대국의 대열에 끼고자 하는 국내의 문화정책적인 취지와는 맞지 않는다고 본다.

오늘날, 우리는 문화예술산업의 시대를 맞이하게 되었다. 문화예술산업은 일맥 고부가가치 산업으로 통하며 경제적인 면에서 그 중요성은 이미크게 부각되고 있다. 우리나라에서는 문화예술 진흥원이 설립되어 있고, 국가 정책적으로 문화예술산업을 육성하고 있는 실정이다. 우리나라뿐만 아니라 세계적으로도 이미 이러한 산업으로서의 문화의 중요성이 강조되어 많은 나라에서 서서히 자신의 국가이미지에 걸맞는 문화예술 콘텐츠를 개발하기 위해 애쓰고 있는 실정이다. 공연예술산업은 공연예술의 기획, 창작, 유통, 소비 등과 이에 관련된 산업으로 정의해 볼 수 있고 그 예로 연극, 오페라, 연주회, 뮤지컬, 춤과 같은 무언극등을 들었다.

그렇다면 이러한 공연예술 산업의 마케팅은 도대체 어떻게 정의 내려져야 할 것인가? 필자는 공연예술 마케팅의 정의를 두 가지로 규정지으려한다. 먼저 공연예술 마케팅을 코틀러의 고전적인 마케팅의 정의를 빌어 공연예술산업에 적용시켜 공연예술 산업에 있어 "수익성 있는 고객을 찾고 유지하는 과학과 예술"이자 공연예술 산업의 "다른 경쟁사보다 뛰어난 방식으로 고객을 만족시키는 예술행위"로 정의내려 보기로 한다. 즉 공연예술 마케팅은 고객의 필요를 만족시키는 합리적이며 심미적인 활동 모두를 총괄하는 것으로 정의내릴 수 있겠다. 필자가 정의하는 두 번째 공연예술 마케팅은 코틀러의 마케팅의 개념을 이문화적인 차원에서 조금 더 구체화시킨 것이다. 이것을 다양한 공연예술 콘텐츠를 판매하고자 하는 대상국가 소비자의 문화적 배경이나 소비심리나 행동 패턴을 분석하여 다른 경쟁사의 공연예술 보다 더 나은 방식으로 소비자의 구매 욕구를 충족시키는 데 목적을 둔 소비자와 공급자간의 커뮤니케이션 행위로 정의내리기로 하겠다. 국내의 학계와 업계에서는 공연예술 마케팅의 단계를 기획과 제작이 끝난 후 마케팅이 진행되는 것으로 이해한다. 그러나 이러한 공연예술의 마케팅의 편협한 이해는 실제 마케팅에 있어 많은 손해를 가져온다. 사실은 공연예술 마케팅은 기획 이전의 단계에서부터 행해져야 하는 것이다. 실제 공연예술 기획단계는 어느 곳에 얼마만큼 어떤 수요가 있는지와 또한 언제쯤 얼마만큼의 수익을 올릴 수 있는지에 대한 철저한 시장 분석을 토대로 하는 마케팅전략 기획안이 수립 된 후에 거쳐야 하는 단계이지 가장 먼저 공연예술작품을 기획하고 나면, 지금 우리나라의 문화예술 산업계가 당면한 문제처럼 국내시장에서만 승부를 걸 수밖에 없고, 또한 기획하여 제작한 공연예술 작품이 투자한 것에 비해 큰 수익을 올릴 수 없게 되는 것이다.

공연예술 마케팅 분야는 공연예술 산업이 지니는 고부가가치의 산업적인 특징에 맞추어 국제적인 측면의 마케팅이 더욱 부각되어야 할 것이다. 어느 나라가 이러한 문화유산의 상품화에 성공하느냐가 21세기의 세계 산업구도를 바꾸어 놓을 것이다.

대부분의 이러한 공연예술분야의 마케팅 특강들은 실무자들이 체험했던 부분적인 마케팅사례나 비즈니스에서 겪었던 경험들을 다룰 뿐, 이 분야의 마케터가 되기 위해 필요한 체계적인 공연예술 마케팅 전략수립과정의 교육은 국내에서는 찾아보기가 어려운 실정이다. 이 책에서는 이러한 학문적, 교육적인 필요성을 인식하여 실제적으로 공연예술 마케팅에서 필요한 전략수립과정을 구체적이고도 체계적으로 다루어 보고자 한다. 또한 이러한 마케팅 전략의 단계를 경영학에서 일반적으로 적용되는 필립 코틀러(Philip Kotler)의 마케팅이론을 중심으로 다루어 보면서 이 이론에 공연예술 분야의 접목을 시도하여 공연예술 마케팅 전략을 세우는 기반을 마련하고자 한다. 근래에는 1960년대 초 제롬 매카시(Jerome McCarthy)에 의해 제안되었고, 오늘날도 대다수의 기업에서 마케팅이론의 정석으로 치부되고 있는 4P와 같은 마케팅 믹스 이론은 전통적이고 고전적인 이론으로 치부되고 있으며 너무 판매자 중심적이며, "특징과 편익(F&B)에만 소구하는 마케팅"으로 간주되고 있다. 즉 이러한 전통적 마케팅은 제품의 범주와 경쟁의 범위를 지나치게 좁게 정의하고, 소비자의 구매행위를 지나치게 이성적으로만 간주하며, 언어적인 분석도구만을 사용한다고 비판한다. 또 이 이론이 소비자 심리학에 기초를 둔 이론도 아니고, 전혀 소비자들이 제품과 경쟁사에 대해 어떻게 생각하는지에 대한 관심을 두고 있지 않는다는 것이 이들의 주된 비판의 대상이 된다. 물론 번트 슈미트와 같은 이론의 비판자들도 전통적 마케팅에서 적용되었던 기본적인 전략의 개념들이 다른 마케팅에도 응용되며, 마케팅전략 수립과 구매의사결정 분석에 중요한 토대가 된다는 것을 인정하고 있다. 그러나 이러한 소위 "체험마케팅" 이론자들도 직관적이고, 소비자의 감성에 의존하는 마케팅이론도 소비자의 감성을 측정하는데 있어서의 한계와 이 직관력이 이성보다 얼마나 신뢰할 수 없고, 예측하기 어려운 것인지의 문제에 봉착하게 된다. 이러한 감성에 호소하는 마케팅은 체계적인 전략수립의 방법론으로 응용하기에는 어려움이 있다고 본다. 그러나 이러한 체험마케팅은 전통적 마케팅이론과 접목하여 함께 응용된다면 마케팅 연구에 있어 상당히 긍정적인 요소로 작용할 것이다. 또 상품에 따라서는 생필품과 같은 것들은 이성에 의한 구매가 많을지 모르지만, 문화콘텐츠와 같은 상품들은 특히 예술성과 재미 같은 감성적인 요소들이 중시되기 때문에 전통적인 마케팅 이론뿐만 아니라 체험마케팅이나 "펀(fun)마케팅"도 중시되어질 수 있다.

그러나 체험마케팅이나 펀마케팅은 전략수립의 단계가 기존의 마케팅 이론처럼 체계적이지 못하다.

2. 공연예술 산업의 동향

18세기 산업혁명과 과학기술의 발달이 배경이 되어 물질적, 시간적 여유가 사람들을 문화예술활동에 투자하게 했다. 서민과 노동자들의 예술에 대한 욕구 증가로 문화영역의 팽창이 대두되었다. 이렇게 해서 문화예술이 공공적 측면이 아닌 수익적 측면으로 부각되게 되었다. 이런 시대적 상황이 예술의 경제적 산출을 가능하게끔 했다. 그런데 20세기 초반에 들어 전쟁으로 공연 예술의 침체기가 시작되었다. 이 시기에 미국은 열정적인 예술에 대한 지원으로 공연예술시장이 다시 재건되었다. 공연예술 시장이 부각되면서 공연에 있어 공연 자체만큼 기획과 마케팅의 중요성이 대두되었다. 그리하여 공연예술 분야에서는 미국을 중심으로 다양한 매뉴얼과 실무경험을 토대로 체계적인 시스템이 구축되었다.

근래에 들어오면서 우리나라도 고도의 경제성장과 높은 교육수준으로 예슬문화 향유 욕구가 커졌다. 특히 인터넷의 발달로 인해 해외 공연에 대한 관심도가 높아졌다. 국내에 해외공연을 도입하기 위해서는 상대방 국가 프로듀서와의 접촉부터 다양한 악기나 무대장치의 통관절차에 이르기까지 까다로운 실무를 반복해야 한다는 어려움이 있다.

이러한 공연예술 산업의 특징은 다음과 같이 두 가지로 크게 요약해 볼 수 있다.

최근 공연예술산업계에는 다양한 공연예술작품이 제작되고 있기는 하지만, 아직 해외시장에 소개되어도 손색이 없는 양질의 공연은 턱없이 부족한 실정이고, 공연업계 거래 기반이나 체계도 아직 구체적으로 정립되어 있지는 못한 상태이다. 더욱이 국내의 공연예술제작 관련 전문 인력도 부족한 상황이며 이 분야의 해외마케팅 인력은 찾아보기가 드물다.

그렇기 때문에 공연예술 산업 부문에서는 앞으로 연구하며 추진해야 할 과제들이 무궁무진하다고 볼 수 있는 것이다.

현재 국내에서도 문화관광부를 중심으로 공연예술 분야의 시장 활성화를 통한 산업기반을 강화하고 있다. 또한 세계 수준의 젊은 인력을 양성하며 해외 진출을 활성화시키기 위해 많은 지원을 아끼지 않는 실정이다. 이러한 추세가 지속된다면 공연예술 산업 최강국이 될 날도 그리 멀지 않을 것이다.

3. 예술경영과 마케팅

마케팅의 목표는 기업과 고객 간의 관계를 최적화하고 양자 간 상호 만족을 최대화하는 데 있다. 미국마케팅협회에서 펴낸 『마케팅 용어 사전』은 마케팅을 '개인과 조직의 목표를 충족시킬 수 있는 교환을 성립시키기 위해 지식, 제품, 서비스의 구상, 가격 책정, 판촉 그리고 유통을 계획하고 수행하는 과정'이라 정의하고 있다. 『마케팅의 원리와 실제』에서는 '이윤을 창출하면서 고객의 필요를 찾아내고 예측하고 만족시키는 경영 과정'이라고 마케팅을 정의한다.[1]

1967년에 최초로 문화 사업에서 마케팅이라는 문제가 코틀러(Kotler)라는 한 학자로부터 제기되었다. 그는 자신의 개론서에서 박물관이든 공연장이든 도서관이든 대학이든 문화 단체들은 문화제품을 생산하고 있음을 지적하고 이런 조직들 모두 소비자들의 관심을 얻어 국가적 자원에 대한 지적 몫을 늘리기 위해 경쟁했어야 했다고 서술했다. 다시 말해 많은 학자들은 문화 사업이 마케팅 문제에 직면하고 있음을 인하게 되었다.[2]

예술은 현대 사회에서 오락적, 문화적 표현, 그리고 역사적 자료와 같은 여러 가지 형태로 우리들의 생활에 존재한다. 그러나 경영적인 측면에서 보면 예술은 또한 비즈니스이므로 예술 공동체는 예술의 상업적인 미래 가치를 측정하고 높일 노력을 해야 할 필요가 있다.

예술 경영은 예술 작품을 관객에게 효율적이고 효과적으로 전달하는 과정이다. 전통적으로 예술 경영은 기획, 조직, 직무, 감독 그리고 통제와 같은 다섯 개의 전통적인 관리 기능을 통하여 공연 예술 혹은 시각 예술 작품의 제작과 소개를 용이하게 하는 활동이라고 알려져 있다.

---

1) F.콜버트 외, 박옥진 외 옮김, 『문화예술 마케팅』, 태학사, 2005, p.24.
2) 앞의 책, p.25.

일반적으로 예술 경영은 전시회나 공연장의 관람 티켓이나 예술 작품을 사도록 동기를 부여하는 것이라고 알려져 있다. 그러나 실제로 예술 경영은 티켓을 판매하거나 다른 기타 여러 가지 프로모션 활동을 하는 것보다 훨씬 더 복잡하다. 예술 경영은 관객이 예술 경험을 하기 위해서 대가를 지불하는 교환과정의 가치를 높이는 작업이다. 예술 작품의 인기가 예술 작품을 소비하는 사람의 수에 비례한다고 가정하고, 예술 작품 및 예술가와 관객 간의 교류 과정의 가치를 높이는 것이라고 보는 것이다.

더 구체적으로 표현하자면 예술 경영은 예술 작품을 가격, 유통, 프로모션과 같은 시장 변수와 관련하여 그 작품에 가장 호감을 가질 만한 세분화된 시장을 찾아서, 최대한 많은 수의 소비자와 만남을 갖게 하면서 예술 기업의 비전을 다하는 기술이라고 할 수 있다. 그러므로 예술 경영은 예술 시장에서 예술적이고 상업적인 만남을 원활하게 할 경우에만 그 의미와 존재 가치가 있다고 할 수 있다.

오늘날 예술 산업은 남다른 미적 감각이나 예술에 대한 열정과 비전만으로 예술의 미적·사회적 기능을 다하고, 상업적인 성공까지 기대하기 힘들게 되었다. 실제로 예술의 상업화에 성공한 대부분의 경우 그 저변에는 마케팅의 기본원리를 학습하거나 본능적으로 이해해서 실천한 예술가를 비롯한 관련 종사자들이 있었다. 그러므로 예술의 날로 높아가는 산업적 위상에 적합한 실질적인 비즈니스 감각과 창조적인 마케팅에 대한 이해가 어느 때보다도 절실한 상황이다.[3]

---

3) 허순란, 『예술 엔터테인먼트 이젠 마케팅으로 승부한다』, 아진, 2005, pp.2-3.

4. 한류열풍의 확산

한류는 1990년대 후반을 시작으로 여러 국가에 퍼져나가며 우리나라의
문화산업을 확장시키는데 큰 영향을 미쳤다. 한류란 처음엔 단순히 중국,
동남아지역에서 유행하던 대중문화 열풍을 가리키는 말이었다. 99년 중반
중국 언론매체에 처음 등장한 신조어로 중국, 타이완, 홍콩 등의 중화문화
권에서 일어난 한국 대중문화에 대한 붐을 의미한다. 이러한 현상이 점차
확대됨과 동시에 중국, 대만, 일본, 베트남 등 다양한 아시아 국가의 젊은이
들을 중심으로 한국의 음악, 드라마, 패션, 게임등과 같은 대중문화와 한국
인기연예인을 동경하고 추종하며 배우려고 하게 되었다. 이제 한류에 관련
된 종사자들은 이러한 한류현상을 다양한 산업의 마케팅 부분에서 활용하
려고 하는데 특별히 이러한 현상을 한국관광공사에서는 '신한류(新韓流)'
라는 신조어로 통칭했다. 이러한 한류 확산을 통해서 우리 문화의 세계적
인 콘텐츠로서의 가능성에 대해 다시 한 번 생각하는 인식의 전환점이 마
련되었고, 문화산업 전반에도 한류 붐을 이용한 문화예술 콘텐츠의 마케팅
에 대한 새로운 시야가 생기게 되었다.

현재까지도 문화예술산업에 있어 한류의 영향력은 더욱 강해지고 있으
며 이제 한류는 단순한 유행의 차원을 넘어선 하나의 문화 트렌드로 자리
잡고 있다.

이러한 한류열풍을 비단 한편의 한국드라마에서 시작된 것으로 보기에
는 너무 한류를 과소평가하는 감이 없지 않다. 한류는 단순한 한국 드라마
차원이 아니라, 한국이라는 풍토에서 서양문화와 동양문화가 가장 이상적
인 방법으로 조화를 이루어 한국의 전통과 실정에 맞는 문화트렌드를 형성
한 것으로 이해할 수 있겠다. 이렇게 한류현상은 일시적인 유행을 넘어
하나의 트렌드로 자리매김하고 있으며, 이는 아시아를 넘어 해외로 진출하

려는 국내기업들에게 문화를 활용한 마케팅의 중요성을 인식시키는 계기가 되고 있다. 하지만 아직까지 한류를 활용한 국내기업들의 마케팅전략은 매우 부진하다. 특히나 공연예술 분야에서도 국내기업들은 한류 마케팅은 매우 부진하다고 볼 수 있다. 이제는 한류현상을 아시아를 대표하는 큰 트렌드로 인식하고 문화의 수출과 대한민국 문화예술 콘텐츠의 수출을 함께 추진하는 상상의 국제 마케팅전략이 수립되어야 할 때이다.

한류는 지속되는 상태로 그냥 방치해 두면 시간이 지날 수 록 점점 식상해져 간다는 한계점을 지니고 있다. 따라서 우리는 한류 열풍에 따른 일시적 매출 증대나 관광객 유치 같은 단기적인 이익에 만족하기 보다는 지속적이고 안정적인 문화예술 산업으로 이끌어 나가야 할 것이다. 또한 아시아권에 진출해 있는 드라마나 영화에서 성공한 소수의 작품이나 극소수의 스타급 가수 에게만 한류전체를 의존하려 해서는 안 될 것이다. 공연예술 기획자와 마케터들이 가져야할 태도는 이미 개발한 사업에 연연해하지 않고, 이미 개발한 공연보다 더 질적으로나 상업적으로 훌륭한 공연을 개발하려고 하는 자세이다. 한류를 통해 우리나라의 다수의 방송 콘텐츠들이 어느 정도 해외 시장에 진출 하게 되었고, 세계시장에 한국에 대한 긍정적인 인식을 심어주는 기회를 얻게 된 것은 참 다행스러운 일이다. 이제부터는 참신하고 체계적인 문화예술 개발 노력과 그에 따른 마케팅이 병행되어야 하는데 한류를 이용한 공연예술의 국제마케팅이 성공하기 위해선 다음의 사항이 지켜져야 할 것이다.

첫째, 그 나라의 성향과 국민들의 기호에 맞는 공연을 개발, 판매하는 것이다. 이미 우리에게 마음을 열고 있는 것을 공략하는 것은 성공 가능성이 크다.

둘째, 한류 공연과 국내 기업 간의 친밀한 관계가 필요하다. 해외에 진출

한 양질의 한류 공연들에 관한 국내대기업의 스폰서쉽과 같은 문화마케팅
이 필요한 때이다.

셋째, 공연예술 산업에 관한 정부의 꾸준한 지원이 있다면 한류의 지속
과 우리 공연예술 산업의 성장은 가속화 될 것이다.

그리고 무엇보다도 국가적인 차원에서 한류라는 브랜드를 세계화 시키
는 일과 한류를 이어나갈 마케팅 대상국의 문화, 특징을 파악하는 것이
선행되어야 한다. 이어 한국의 공연예술의 특징, 컨셉을 파악해 나라에 따
라 특색화시키는 것이 또 하나의 과제이겠고, 이 브랜드를 얼마나 오래
지속시키느냐가 미래의 관건이 될 것이다.

이처럼 한류가 퍼져나간 국가들은 우리나라 공연예술의 가장 좋은 시장
이 될 것이며 그 시장을 겨냥한 노력들은 이후 우리나라의 공연예술 산업
을 발전시키고 공연예술은 한국을 이끌어갈 새로운 산업이 될 것이다. 나
아가 한국의 건전한 국가 이미지를 형성하는 부가가치도 창출할 수 있게
될 것이다.

공연예술
마케팅 전략수립과정

1. 시장조사

필 립 코틀러(Phlip Kotler)의 마케팅에 대한 고전적인 정의를 빌어 공연예술 마케팅을 정의 내려 보면, 공연마케팅은 공연산업에 있어 "수익성 있는 고객을 찾고 유지하고 키우는 과학과 예술"로 공연산업의 "다른 경쟁사보다 뛰어난 방식으로 고객을 만족시키는 예술행위"라 정의 내릴 수 있다. 다시 말해 공연 마케팅은 다른 공연 경쟁상품보다 뛰어난 방식으로 시장성 있는 상품을 개발하여 그 상품을 찾는 고객들을 만족시키는 모든 행위를 통틀어 공연 마케팅이라고 정의내려 볼 수 있겠다.

여기서는 공연마케팅 개념과 마찬가지로 공연마케팅 과정도 역시 코틀러의 고전적인 마케팅 과정의 구분을 따라 설명해 보도록 하겠다. 그 이유는 아직까지 공연예술분야에 관련된 마케팅 과정에 대한 연구가 존재하지 않기 때문에 기존의 고전적인 마케팅의 과정에 공연예술을 적용시켜 연구하는 것이 적절하다고 생각하기 때문이다. 우선 여기서는 구체적인 각 단계를 논하기에 앞서 마케팅이론에서 코틀러의 마케팅과정의 구분을 대략적으로 살펴보겠다 이를 통해 공연예술의 마케팅 기획사례의 기초가 되는 이론을 정립해 보고자 한다..

우선 코틀러는 영문 약자로 간단히 표기해보면 R, STP, MM. I, C 으로 마케팅과정을 분리하였다. 여기서 첫 단계인 R은 조사(Research) 단계로 공연예술 분야에서는 공연예술 시장조사에 해당하는 것이며, 다음의 단계인 STP는 공연예술 시장 세분화(Segmentation)와 공연예술목표시장 설정(Targeting)과 공연예술 작품 포지셔닝(Positioning)을 의미하는 것이다. 그 다음의 세 번째 단계에 해당하는 MM은 마케팅 믹스를 말하는데 이는 생산자 중심의 4P 즉 제품(Product), 가격(Price), 판매장소(Place), 판촉(Promotion)을 의미하고, 소비자 중심의 4C는 고객가치(Customer Value), 비용(Cost), 편의(Convenience)와 의사소통(Communication)등을 의미한다.

그리고 I는 실행(Implementation)을 의미하며 C는 통제(Control)를 의미하는데 이는 피드백을 얻고 결과를 평가하며 STP전략이나 마케팅 믹스 전술을 수정 또는 개선하는 과정이다. 그러나 실행이나 통제의 단계는 마케팅 전략수립의 단계에서는 거론하기가 어렵다. 그 이유는 전략수립 단계는 마케팅이 실제적으로 실행되기 전의 단계이기 때문에 실행이나 실행 후에 있을 수 있는 통제의 단계를 거론하는 것은 시기상조이기 때문이다. 따라서 여기서는 초. 중반기에 해당하는 공연예술 마케팅의 시장조사 및 환경 분석, STP 단계와 마케팅믹스 단계까지의 전략수립의 과정을 다루기로 한다. 우선 본 장에서는 코틀러의 마케팅의 첫 단계라 볼 수 있는 시장조사 단계를 논해 보도록 하겠다.

공연예술 마케팅의 출발점은 공연예술시장 조사이다. 시장 조사에는 기술 중심 또는 시장 중심의 시장 조사(기술 개발과 고객 수요를 가늠하기 위한 시장 조사)와 마케팅 리서치, 그리고 마케팅 데이터 수집, 국제 공연예술 마케팅을 위한 시장조사의 방법이 있다. 공연예술 시장 조사 시에는 비용과 시간을 항상 고려해야 한다.

2. 환경분석(3C)을 통한 세분시장 마케팅전략의 단계(STP전략)

　이번 장에서는 시장조사의 다음 단계인 환경분석을 통한 STP 전략수립 단계에 대해서 알아보고자 한다. 공연예술 환경분석 3C는 소비자 (Consumer) 분석, 경쟁업체(Competitor) 분석과 자기(Corporate) 분석을 의미하는데 각 단계의 특징에 대해 살펴보도록 하겠다.

　첫째로 소비자(Consumer) 분석은 환경 분석 중 가장 중요한 요소이다. 이를 통해 제품의 구매대상이 되는 고객 데이터 마련, 시장의 크기, 구매자 특성을 파악할 수 있으며 구매 인구, 고객 세분화, 고객 지역 구성, 고객 정보의 수집 방법, 구매 장소의 선정, 구매결정의 이유, 구매의사 결정자, 구매 적정 가격 등을 측정해 볼 수 있다.

　두 번째로, 경쟁업체(Competitor) 분석단계에서는 어떤 식으로 시장을 쟁취할 것인지가 포인트이며 경쟁사의 마케팅 전략, 경영자원, 매출액을 비롯한 재무상태, 시장점유율, 이익 등을 분석하는 것이 주된 내용이다. 기업은 다양한 경쟁 상태에 직면하게 되며, 이러한 경쟁은 시장을 확대하고, 차별화를 가능하게 해주며, 이런 기회를 잘 이용하면 오히려 성공할 수 있는 계기가 마련될 수도 있다.

　마지막으로, 자기(Corporate)분석 단계에서는 고객 구성을 진단하고, 핵심 역량을 분석하며, 사업 성과를 분석하여 자신의 현 위치를 파악하게 된다. 이러한 자사의 분석을 통하여 성공적인 마케팅전략 및 상품도 개발해 낼 수 있는 것이다. 이런 자사분석에는 SWOT분석이 용이하며, 강점(Strength), 약점(Weakness), 기회(Opportunity), 위협(Threat)의 네 가지 요소의 분석이 가능하다.

STP 전략은 세분시장 마케팅 전략의 단계인데 이 전략은 시장 세분화(Segmantation)단계, 목표 시장(Targeting)선정단계, 경쟁상품과 차별화해서 표적시장에 자신의 제품을 자리매김(Positioning)하는 단계로 구성된다. STP 전략 과정은 위에서 제시한 환경분석을 근거로 해서 수립된다. 여기서는 각 전략수립단계에 대해 구체적으로 언급해 보고자 한다. 우선 시장 세분화(Segmantation)단계는 시장조사를 통해 소비자의 욕구를 파악해 세부적으로 타깃을 정하여 정확한 제품 개발이나 판매활동을 목적으로 시장을 구분하는 단계를 의미한다.

다음으로 목표 시장(Targeting) 선정단계에서 마케터는 세분된 시장을 평가하고 그중에서 회사가 공략할 세분시장을 선택하게 되는 것이다. 경쟁상품과의 차별화로 자리매김(Positioning)하는 단계는 STP 전략과정의 마지막 단계인데 Positioning은 소비자의 마인드에 제품과 브랜드에 대해 다른 제품과 차별된(특정한) 이미지를 심어주어, 그 제품에 대해 오랫동안 그 이미지를 기억하게 하여 항상 다시 그 제품을 찾게 하는 것을 의미한다. STP전략의 5단계를 간단하게 요약하면 다음과 같다.

- 1단계 : 세분화 기준(Segmentation Basis)을 선정한다.
- 2단계 : 선정된 세분화 기준을 사용해 시장을 세분화 한다.
- 3단계 : 세분시장을 서술할 수 있는 변수(Descriptor)를 선정한다.
- 4단계 : 매력적인 세분시장을 선정한다.
- 5단계 : 선정된 목표 세분시장에 대한 마케팅 전략 프로그램을 개발, 시행한다.

STP 전략 중에서 먼저 시장세분화 단계에 있어 시장 세분화의 기준은 크게 세분시장을 서술할 수 있는 기준, 행동적인 기준, 단독적이거나 다양한 기준으로 나누어 생각해 볼 수 있다. 우선 기술적인 세분화(Descriptive Segmentation)는 나이, 성별, 소득, 직업, 학력, 가족 규모, 가족의 나이 수준, 종교, 국적, 도농, 기후, 인구 등에 의한 시장 세분화를 의미하는 것이다. 두 번째 행동적인 세분화(Behavioral Segmentation)는 처음인지, 여러 번 사용한 사람인지(User Status), 브랜드 인지도, 사용빈도, 개성, 생활방식, 사회계층등에 의해 시장을 세분화 하는 것을 의미한다. 세 번째로 단일 또는 다양한 기준에 의한 시장세분화(Single VS Multivariable Segmentation)는 대부분의 실무에 있어서 단일 기준에 의한 시장 세분화보다는 여러 가지 기준으로 시장을 세분화하는 것이 더 정확하게 세분화하는 길이다. STP전략에 있어 T에 해당하는 목표시장선정(Targeting) 단계에서 타깃 시장을 고르는 기준은 수익성, 경쟁 강도, 시장의 반응성이다. 또한 타깃팅 전략 수립 시에는 회사의 리소스 정도와 회사 상품의 동질성, 그리고 시장의 동일성 여부, 경쟁자의 전략을 유의해야 한다.

STP 전략의 P에 해당하는 상품의 차별화(포지셔닝)는 크게 다음의 3단계로 요약해 볼 수 있다.

- 1단계 : 소비자의 불만요인을 파악한 후 소비자의 욕구와 기존 제품에 대한 불만족을 파악한다. 즉 기회, 위협 요인을 파악(SWOT분석)해야 하는데 이는 시장의 빈 곳을 파악하고 자사의 현 위치를 파악하며 경쟁자를 파악하는 것이다. 또한 경쟁강도도 파악해야 하며 이상점도 파악해야 한다.
- 2단계 : 경쟁사와 자사의 포지션을 파악한다. 즉 시장에서의 자사의

위치를 파악하는 것인데 이는 시장점유율을 통해서 확인해 볼 수 있다.

- 3단계 : 포지셔닝을 지속적으로 확인한다.

STP 전략을 공연 마케팅 전략 모델수립을 위해 간단하게 요약해 보자면, 우선 시장조사를 통한 소비자의 욕구를 분석하고, 소비자의 욕구에 따른 시장을 세분화하며 환경 분석(소비자, 경쟁사, 자기)을 한 후 목표시장을 선정하고 마케팅 컨셉(브랜딩/차별화)을 결정하는 것이다.

3. 마케팅믹스전략(4P 및 4C)

이번 장에서는 본격적으로 코틀러의 마케팅믹스전략인 4P를 설명하고, 4C를 공연예술에 적용시켜 보도록 한다.

먼저 4P전략은 크게 제품결정(Product), 판매장소 결정(Place), 판촉결정(Promotion)과 가격결정(Price)을 의미한다.

우선 제품(Product)결정은 제품을 차별화하는 방법에는 제품에 새로운 특징을 첨가하는 것과 소비자의 특성에 맞게 제품을 맞춤화하는 것, 그리고 디자인을 변형시키는 것이 있다. 또한 개런티, 환불제도를 강화해 신뢰도를 높이는 방법과 포장이나 외장의 색깔, 모양, 재질과 크기를 바꾸는 것, 그리고 서비스를 첨가하고 브랜드를 강화하는 것 등이 있다.

그렇다면 차별화란 무엇인가? 차별화란 제품자체의 변형이 아니라 소비자의 인식에 호소하는 것으로 가급적 다양한 원천으로부터 제공되는 것이 바람직하다. 이는 제품수명주기에 영향을 끼치며 소비자가 인식하는 리스크의 크기에 따라 제품이 몇 가지로 세분되기도 한다. 제품에는 <고관여 제품>과 <저관여 제품>이 있는데 고관여 제품은 구매하는데 따르는 리스크가 높다고 받아들여지는 제품을 말하며 저관여 제품은 구매하는데 따르는 리스크가 낮다고 받아들여지는 제품을 말한다. 가격 및 신뢰도가 이를 나누는 기준이 된다. 대부분의 공연예술 콘텐츠는 고관여 제품이라고 볼 수 있다.

두 번째로 판매장소 결정은 제품을 판매할 장소를 결정하는 행위를 말한다. 이는 제품을 특별한 매장에서만 배타적으로 판매할 것인지, 몇몇 대리점에서만 판매할 것인지, 시장에 대량으로 배포할 것인지를 결정하는 것인데 인식상의 포지셔닝에 제품 판매 장소가 영향을 미친다.

셋째로 판촉(Promotion)결정은 판촉을 통해 소비자가 어떤 행동을 해줬으면 좋겠다는 확실한 목표 및 기대를 설정한다. 소비자의 문제점 자각 단계에 영향을 미치고 싶다면 제품 정보를 어떻게 제공할 것인지 생각해야 하며 구매 후 강화 과정에 영향을 미치게 하고 싶다면 브랜드 이미지 광고나 사후 서비스 안내 광고에 주력해야 한다.

판촉의 방법으로는 광고, 방문판매, 세일즈 프로모션, PR, 직판이 있다. 광고는 제품의 특성에 관한 정보를 제공하는 방법으로 소비자의 각성을 유도하고 소비자의 태도와 선호도에 영향을 미친다. 광고의 반복을 통해서 친숙함을 형성하고 브랜드에 대한 선호도를 높이며 품질을 시그널링하고 소비자를 설득한다. 광고의 종류에는 제품이나 회사의 이미지 형성을 위한 광고와 제품 특성을 바탕으로 구체적 정보를 제공하는 광고가 있다. 광고 시에는 어떤 광고가 효과가 있는지 어디에 광고를 내는 것이 좋은지 잘 알고 있어야 한다. 'reach'와 'frequency'를 고려해야 하는데 'reach'는 얼마나 많은 소비자에게 도달하느냐고 'frequency'는 얼마나 자주 메시지가 전달되느냐이다.

(gross rating points(GRP) = reach X frequency – 광고가격결정 – reach < frequency)

또 다른 판촉 방법 중 방문판매는 제품이 복잡하거나 값비싼 것일수록 방문판매가 유효하며 가장 비용이 많이 드는 프로모션 방법이다. 세일즈 프로모션은 광고를 뒷받침하기 위해서 시행하는데 가격할인이라든지, 샘플 제공, 환급, 쿠폰, 사은품을 제공하는 방법이다. PR은 "Public Relations"의 약자로 PR은 더 광범위한 대상을 향해서 행해지는 판촉으로 자선단체를 후원한다든지 신문에 제품관련 기사가 나도록 시도한다든지 배우나 가수의 의상 협찬을 하는 것을 말한다. 마지막으로 직판은 소비자에게 카달로그를 보내거나 케이블 티비 쇼핑 등을 통해 고객과 직접 접촉하는 방법이다. 공연예술 콘텐츠는 직접적인 이윤추구를 위한 광고의 형태보다는 소비자들에게 거부감을 없애주며, 간접적인 광고의 효과를 노린 PR이 많이 선호되고 있는 실정이다.

마지막으로 가격(Price)결정 과정에 있어 가격은 제품 차별화를 해주는 요소이다. 가격을 결정하는 방법에는 6가지가 있는데 '원가 대비 얼마' 방식은 원하는 마진을 원가에 더해서 가격을 책정하는 방법이며 스키밍 전략은 초기에 고가 정책을 취함으로써 높은 가격을 지불할 의사를 가진 소비자로부터 큰 이익을 흡수한 뒤 제품 시장의 성장에 따라 가격을 조정해 가는 방식이다. 이 방법은 새로운 제품이나 고관여적 제품에 효과적이다. 따라서 공연예술 콘텐츠에도 이러한 스키밍 전략은 충분히 적용될 수 있을 것이다. 침투가격 전략은 어떤 시장을 선점하거나 시장점유율확보를 일차적 목표로 저가 정책을 펴는 것이다. 시장에서 경쟁사 퇴출을 노릴 때도 채택한다. 극단적 형태는 약탈적 가격책정이다. 공연예술 콘텐츠는 제품의 특성상 침투가격 전략은 적합하지 않으며 무엇보다 중요한 것은 제품의 질이라고 할 수 있겠다. 일반적으로 가격은 고객이 인식하는 가치에 따라 책정되기도 하는데 가격이 제품에 대한 이미지에 큰 변화를 주기도 한다. 가격 차별화 방법에는 소비자의 지불 의사에 맞게 가격을 책정하는 것과 지식상품의 가격차별화를 통한 이윤 극대화가 있다. 예를 들어보면 공연티 켓 대량 구매 시 할인 제공, 그리고 공연 시간 직전의 할인 판매, 학생 할인 등이 있다. 가격 탄력성 여부에 따라 가격이 결정되어지기도 하는데 탄력 성이 높은 경우, 즉 가격이 오르면 수요가 크게 줄어드는 경우에는 가격 인상이 어려우며 탄력성이 낮은 경우에는 가격 인상을 통해 이윤을 높인 다.

　4P전략이 기업이 목표대상으로 삼은 소비자에게 자신의 상품을 팔기 위 한 전략이라면, 4C전략은 소비자 측에서 기업을 어떻게 보는지에 대해 판 별하여 마케팅에 응용하는 전략이라고 할 수 있겠다. 4C는 고객가치 (Customer　　 Value),　　 비용(Cost),　　 편의(Convenience)와　　 의사소통 (Communication)등의 네 가지 요소로 구성되어 있다. 4C전략은 공연예술 작품 중의 하나인 "난타"를 예로 들어 설명해 보겠다. 먼저 고객의 가치란 고객의 만족이 제품에서 가장 중요시되는 것으로 봄으로써 고객이 인정하 는 상품의 가치를 추구한다는 것을 의미한다. 두드리는 공연인 난타의 경 우, 소비자들이 공연을 단순히 보는 것으로 만족하지 않고, 체험하고, 스트 레스를 해소하고 싶은 욕구를 가지고 있다는 점을 잘 파악하여 공연도중에 깜짝쇼를 선보이고, 관객들이 직접 놀이를 하는 기회를 마련해 줌으로써 고객의 가치를 실현하기 위한 전략으로 적절히 활용하였다고 볼 수 있다. 두 번째로 비용이란, 어떤 상품에 대해서 고객이 그 가격을 치렀을 때 전혀 아깝지 않다고 생각하는 좋은 기회에 대한 대가로 지불하는 일종의 기회비 용적인 측면에서 가격을 설정하는 전략을 의미한다. 기회비용을 설정할 때 는 고객이 지불하는 시간, 비용들을 모두 고려한다. 난타 공연은 공연장을

관객이 찾기 쉽고, 잘 알려진 곳에서 함으로써 장소를 찾는데 드는 어려움을 최소화 하고, 쾌적한 공연장 제공 및 다양한 볼거리 마련을 통해 비교적 고가임에도 불구하고, 좋은 공연에 대한 당연한 대가를 치른다는 생각을 관객으로 하여금 불러일으킨다. 세 번째로 편의란 고객이 상품을 구입하기 쉽고, 시험해 보기 쉬운 것을 의미한다. 여기에서는 고객의 편의를 극대화 하는 것이 중요하다. 난타의 공연티켓은 공연매표소에 직접 오지 않아도 인터넷이나 전화 ARS를 통해 쉽게 구입할 수 있도록 하였으며, 공연의 주요 장면을 예고편으로 제작해 홈페이지에 보여줌으로써 고객의 편의를 극대화하였다. 네 번째로 의사소통은 고객과의 상호 커뮤니케이션을 의미한다. 고객과의 쌍방의 교환이 이루어져야 하는 것이다. 난타공연은 홈페이지에 공연 후기와 게시판을 통하여 고객의 소리를 듣고, 그에 맞는 이벤트 등을 펼치었다.

공연예술
국제마케팅의 이해

1. 공연예술과 문화비지니스 커뮤니케이션

공연예술 마케팅 분야에서의 문제점은 초보자 수준에서 쉽게 이해될 수 있는 공연예술 산업에 적합한 마케팅이론을 찾기가 어렵다. 또한 그러한 이론이 있다고 해도 공연예술 산업현장에 적용시킨다는 게 어려운 문제로 다시금 제기되어진다. 이러한 어려움에도 불구하고, 다양한 학문의 분야에서 공연 산업의 마케팅 분석에 적용 가능한 이론을 찾는다는 것은 본 책이 지니는 의의가 되는 것이다.

위에서 설명한 마케팅 전략수립의 방법론은 경영학 분야에서 코틀러에 의해 널리 통용되어진 "시장조사－환경분석(STP전략)－마케팅 믹스 (4P전략)－실행－통제" 등의 5단계로 구성된 일반적인 마케팅모델이다. 이 모델은 경영학계에서 지금까지 보편적인 마케팅모델로 이론화되었으며 이미 많은 산업의 마케팅사례들이 이 이론을 근거로 분석되고 있다는 점을 미루어 보아 이 이론은 이미 전략적인 면이나 산업의 치밀한 조직과 체계성이라는 측면에서 손색이 없는 이론이라고 할 수 있겠다. 이 이론만을 가지고, 국내시장에서 일반상품의 마케팅전략을 수립하는 데는 큰 어려움이 없을 듯하지만, 외국이라는 문화특수적인 환경 하에서 그 나라의 대중문화와 국민들의 기호를 반영하는 국내공연예술의 해외 마케팅 전략을 수립하는 데는 다소 부족함이 없지 않다. 더구나 공연예술은 판매될 나라의 환경에 민감하게 작용하는 선택 상품인데 공연예술의 마케팅 전략 수립시 제작국가의 문화를 반영하는 공연을 판매할 대상국가의 소비자들의 인지도 및 만족도를 미리 예측할 수 없다면 공연예술 마케팅의 성공여부는 전망하기가 어려울 것이다.

따라서, 공연 마케팅 전략수립을 위해서는 위에서 제시했던 코틀러의 일반적인 마케팅이론을 이문화 비즈니스 커뮤니케이션으로 보충한다면 효과적인 공연마케팅 전략수립의 대안이 될 것이다. 그렇다면 문화비지니스 커뮤니케이션이란 무엇인가?

문화간에 비즈니스를 할 수 있는 방법은 크게 두 가지로 생각해 볼 수 있다. 하나는 자신의 문화적인 상황에서 상대의 문화를 해석하여 상대의 문화의 특수성을 전혀 고려하지 않으면서 자신의 문화권에만 적합한 비즈니스를 하는 것이고, 다른 하나는 그 문화권의 사람들의 국민적 기호와 문화적인 성향을 분석해서 그 문화권 사람들에게 적합한 마케팅 전략을 수립하는 것이다.

문화비지니스 커뮤니케이션 이론은 두 문화 간에 실제 비즈니스 상의 커뮤니케이션에서 일어날 수 있는 문제점을 분석함으로써 미리 예견될 수 있는 문제들을 대처하기 위한 전략을 마련하자는 것이다. 여기에서는 비즈니스 커뮤니케이션에 해당되는 모든 것들을 분석의 대상으로 삼는다. 이런 문화비지니스 커뮤니케이션의 관점에서는 상대의 문화를 자세하게 분석하는 것이 중요하다. 코틀러의 마케팅의 단계에도 경쟁사와 비교하여 SWOT 분석을 하는데 이러한 SWOT 분석은 문화비지니스 커뮤니케이션에서 상대의 문화권과 자신의 문화를 비교할 수 있는 중요한 척도가 될 수 있다.

이를 바탕으로 각 문화권에 맞는 마케팅 전략을 수립한다면 공연예술 국제 비지니스에서의 성공은 이미 예견 된 것으로 볼 수 있겠다. 또한 각 문화권에서 지켜야 할 금기사항이나 행운의 상징 같은 것을 공연 제작을 하기 전 알아보는 것이 좋다. 또한 상대 문화권의 소비자의 전형화된 행동방식 같은 것은 미리 알아두는 것이 좋을 것이다. 문화권 마다 새로운 공연 작품에 대해 받아들이는 시간에 차이가 있다. 어떤 문화권에서는 새로운 공연에 대한 호응이 바로 관람으로 이어지기도 하지만, 또 다른 문화권에서는 아무리 좋은 공연이라도 새로운 공연이 시장에서 어느 정도 호응을 얻고, 관람으로까지 이어지기에 상당한 시간을 필요로 하기도 한다. 이러한 소비 행동 방식의 패턴도 문화비지니스 커뮤니케이션에서 연구해야 될 대상인 것이다. 또한 소비자를 설득시키는 판매자의 커뮤니케이션에도 문화권 별로 큰 차이가 있다. 어떤 문화권에서는 판매자의 공연 관람에 대한 강요와 선전이 오히려 역작용을 끼치는 문화권이 있는가 하면, 또 다른 문화권에서는 선전이나 강요가 없으면 공연에 대해 불신을 하기도 한다. 이러한 문화간의 비즈니스 상에서의 차이점을 다루는 것이 문화비지니스 커뮤니케이션이다. 여기에는 이러한 마케팅 에티켓뿐만 아니라, 문화 간에 상이한 프레젠테이션 기법도 속한다. 이 문화 비즈니스 커뮤니케이션 이론은 위에서도 이미 이야기 한 대로 코틀러의 마케팅 이론과 상호 보완 적으로 문화콘텐츠 마케팅 이론으로 자리매김 해야 한다.

문화비지니스 커뮤니케이션 이론은 독일에서는 1990년대 이후부터 발전되어 연구되고 있는 실정이다. 그러나 공연예술 마케팅과 이 이론과의 연관성은 아직 구체적으로 연구되어 있지는 않다. 그러나, 독일의 Irlenau 대, Chemnitz 대와 같은 학교에서는 문화예술산업 관련 마케팅 관련학과에서 이문화 커뮤니케이션을 이미 교과목으로 다루고 있다.

2. 문화분석의 기준

그렇다면 여기서는 문화비지니스 커뮤니케이션의 토대가 되는 문화를 어떻게 분석해야 하는지라는 질문에 대한 답을 줄 수 있는 문화 분석의 기준을 여러 학자들의 이론을 토대로 살펴보기로 하겠다.

우선 화란인 홉스테드는 문화란 한 환경에 있어서의 사람들의 집단적 심리 프로그래밍이라 정의 내렸다. 한 개인의 문화적 프로그래밍은 그가 속한 집단(예: 나라, 연령집단, 직업, 사회계층)이나 범주에 따라 다양하며 공연예술은 그 집단의 사회 및 심리적 요소를 반영하고 있다. 그리고 소비자 측면의 문화적 차이는 국민적, 사회계층, 나이 집단, 성문화 수준으로 나뉠 수 있으며 이는 협상 및 구매와 프로모션의 방법에도 영향을 미친다. 문화의 요소에는 기술과 물질문화, 언어 비언어적 의사소통, 심미적 요소와 교육수준 종교 등으로 나눌 수 있는데 홀은 언어 비언어적 의사소통을 상징, 시간, 공간, 우정, 협약, 사물 에티켓 등으로 분리하였다. 에티켓은 프로모션전략수립에 많은 영향을 미친다. 심미적 요소 속에는 비언어적 의사소통이 포함되는데 미술, 음악, 디자인, 색채, 상징 등이 있다.

홉킨스는 문화적 가치의식을 소비자의 심리와 행동 이론(욕구, 태도, 가치와 소비유형)으로 나누어 살펴보았는데, 그것은 타인지향가치, 환경지향가치, 자아지향가치로 크게 셋으로 구분된다. 타인지향가치는 개인적/집단적, 젊든/나이든, 확대된/한정된 가족, 남성/여성, 경쟁적/협동적, 다양성/통일성을 말하고, 환경지향가치는 청결, 실적/신분, 전통/변화, 리스크의 감수/안전, 문제해결/운명적인, 자연을 말한다. 마지막으로 자아지향가치는 능동적/수동적, 감각적 만족/금욕, 물질적/비물질적, 열심히 일한/레저, 연기된 만족/즉각적 만족, 종교적/세속적을 의미한다.

문화인류학자인 홀도 문화를 분석하는 기준이 참으로 독특하다. 그는 저맥락과 고맥락으로 문화를 구분하였다. 저맥락 문화는 커뮤니케이션에 있어 언어의존도가 낮으며 말의 내용이 다양하게 해석될 수 있고 상황, 맥락의 이해가 필요한 문화권(예: 한국, 중국, 일본, 인도)을 말하고 고맥락 문화는 저맥락 문화의 역으로 해석화면 된다(예: 미국, 캐나다, 독일).

이렇게 문화 분석을 마치고 나면, 국제마케팅에 있어 선택한 공연작품에 대한 타당한 이유를 제시할 수 있어야 한다. 선택한 우리 공연작품의 어떤 특성이 이 나라의 문화에 어필하겠는가 하는 점과 이미 이 나라에서 공연된 우리 공연작품이 존재하는가, 성공사례가 있는가, 그렇다면 그 문화콘텐츠의 어떤 특성이 이 나라에 어필되었는가를 통해 그 타당성 여부를 꼼꼼하게 살펴보아야 국제마케팅의 성공 열쇠를 지니게 되는 것이다.

3. 마케팅 기획서 및 판매제안서 작성법

국제마케팅을 성공적으로 수행하기 위해서는 짜임새 있고, 구체적인 문화콘텐츠 국제마케팅 기획서와 판매제안서 작성이 중요하다. 국제마케팅 기획서는 주로 회사 내에서 자체적으로 마케터들이 자신들의 마케팅 전략 수립을 위한 계획서임에 비해, 판매 제안서는 자체적인 계획을 수립한다는 의미 보다는 이미 자체 보관용 마케팅 기획서를 바탕으로 구체적인 공연작품을 특정한 국가에 판매하기 위해 보이기 위한 수단으로 작용하는 것이다. 우선 그렇다면 첫 예로 필자가 개발한 공연마케팅 기획서를 제시해 보도록 하겠다.

3.1 XX 공연 중국마케팅 기획서

날짜, 수신인, 제출자의 이름
1. 서문
2. 기획 배경(중국시장 XX 현황 및 환경(3C)분석, 문제점 제기, 제안 배경)
3. 기획의 목적
4. 기획의 내용
  4.1 XX공연 특징 및 내용 소개
  4.2 중국시장에 XX공연 선정의 이유(문화분석을 기준)
  4.3 마케팅 전략 수립
5. 실행세부사항(구체적인기간, 참여인원수)
6. 비용

우선 서문은 간단한 이 기획서의 개요를 설명하고, 기획배경에서는 각 국가에 처해진 기획하는 공연시장의 현황 및 3C라고 불리는 소비자 (customer), 경쟁업체(competitor), 자사(corporate)분석을 통해 마케팅 환경을 분석하게 된다.

이러한 환경 분석을 통해 선택한 공연의 시장성을 판단하고, 문제점을 제기한다. 다음 단계로 선택한 공연 마케팅의 기획목적을 명확하게 기술한 후 가장 중요한 단계인 마케팅기획의 내용단계로 들어가게 된다. 선택한 공연작품의 특징 및 내용을 소개한 후 공연작품 선정의 이유를 다음의 두 질문에 근거하여 기술해 보도록 한다.

1) 선택한 우리 공연의 어떤 특성이 이 나라의 어떠한 문화특징에 어필하겠는가?
2) 이미 이 나라에 공연된 우리 공연예술이 존재하는가? 성공사례가 있는가? 그렇다면 그 공연예술의 어떤 특성이 이 나라에 어필되었는가?

내용단계의 마지막으로 마케팅 전략은 마케팅 믹스 전략인 4P 전략인 제품(Product), 판매장소(Place), 판촉(Promotion), 가격(Price) 결정 전략을 구체적으로 세워본다. 마케팅 믹스 전략은 자사의 상품을 경쟁업체의 상품과 차별화시키며 이로 인해 수익성을 올리는데 중요한 역할을 하는 비즈니스의 지침이 되는 것이다. 실행세부사항이나 비용은 각각 예견되는 사항을 대략적으로 산정해 볼 수 있겠다.

다음에 제시할 공연 판매 제안서는 마케팅 기획서에 비해 공식적인 의미를 지니고 있기 때문에 보다 공연작품에 대한 홍보용 의미를 두고 작성해야 한다.

3.2 XX 공연 판매 제안서

날짜. 수신인. 제출자의 이름
1. 서문
2. 배경(XX공연의 중국시장에서의 기대되는 수요, 유사한 공연 성공사례, 중국시장의 고객 트렌드)
3. 목표
4. 콘텐츠 내용
  4.1 XX공연 특징 및 내용 소개
  4.2 중국시장에 XX공연 판매 이유(문화분석을 기준으로 한국 공연 성공가능성 분석)
5. 세부사항(판매를 위한 XX공연 프레젠테이션을 위한 방문일정 제안)
6. 가격(조정 가)

이 제안서의 배경단계에서는 수출 상대국가에서 우리의 콘텐츠에 더욱 큰 호감을 지닐 수 있도록 유사한 성공사례라든가 현지에서의 고객의 트렌드를 꼼꼼히 분석해 주는 것이 필요하다. 특히 4.2의 중국시장에서의 XX공연 판매이유를 서술할 때는 국내에서의 수출하고자 하는 공연이 이미 성공한 사례를 가지고 있다면, 구체적으로 제시하는 것이 효과적이라 볼 수 있다. 판매제안서에 방문할 일정을 제안한다면 구매자에게 더 큰 신뢰를 안겨 줄 수 있을 것이다. 만일 샘플과 같은 것이 준비될 수 있다면, 그것을 미리 시험해 볼 수 있도록 판매제안서와 함께 동봉한다면 더욱 효과적인 마케팅이 될 수 있는 것이다. 가격은 대략적인 가격을 적든지 아니면, 조정가라고 하여 가격을 꼭 구체적으로 제시할 필요는 없다.

4. 국제마케팅의 실제

국제마케팅의 실무에서는 해외시장조사, 해외거래선 발굴, 해외기업 신용조사, 수출입 대행 등의 네 가지 과정들이 매우 중요하게 다루어지게 되어야 한다. 다음에서는 이러한 중요한 단계들에 대해 짧게 요약 정리하여 설명하기로 한다.

4.1 해외시장조사

1) 시장 세분화
특정 콘텐츠 상품의 수출실적, 대상 시장의 경제적 특성, 소비자 기호를 조사하여 유사한 시장을 집단화하는 것이다.

2) 목표시장의 선정
국가위험도, 시장 잠재력, 성장 가능성, 무역 정책 등을 감안하고 선정된 변수와 가중치로 국가를 선택하는 것이 중요하다.

　3) 조사기법

키타(KITA)와 같은 기관의 홈페이지에서는 무역통계를 제공하기 때문에 그것을 참조로 하여 수출할 곳을 미리 생각해 볼 수 있겠다. 또한 특정한 공연의 시장 동향은 코트라(KOTRA)에서도 얻을 수 있다.

4.2 해외거래선 발굴

국내외 무역 지원 기관(국내 각 기관에서는 다양한 방법으로 해외 거래선 발굴을 지원하고 있으며 전통적으로 한국 무역협회와 KOTRA가 주된 역할을 담당하고 있다. 이들 기관은 해외 기간과의 연계하여 축적된 바이어 정보, 해외 지사 활용 등을 통하여 거래알선상담, 해외업체 CD-ROM 검색 등을 진행하고 있으며 KOTRA의 지사화 사업 등 일부 알선 서비스의 경우 유료로 제공되고 있다. 또한 해외에서는 일본의 JETRO, 미국 대사관 등 각국의 국내 소재 해외 공관을 통해서도 거래선 발굴이 가능 하다. 각국의 상황에 따라 차이는 있으나 주로 각국 대사관 상무관을 이용하면 다양한 거래선 정보를 획득할 수 있다)을 찾아 거래하며 수출상품 해외 홍보지(업종별 또는 국가별로 발행되는 상품 홍보지에 유료로 광고를 하고 이를 구독한 해외업체가 연락을 취하는 방법)를 만들고 해외 공연박람회(해외에서 개최되는 공연관련 박람회에 참가하여 거래 선을 발굴하는 방법으로서 전통적으로 가장 일반화된 방법이나 많은 경비가 소요되는 것이 단점이다)에 참가한다. 국내외 마케팅 브로커와 에이전트(우수한 공연예술을 보유하고 있으나 해외 거래선 발굴에 투자할 시간과 비용이 넉넉하지 않을 경우 전문 마케팅 브로커와 에이전트를 활용하는 것이 바람직하다. 해당 콘텐츠

관련, 국내에 진출해 있는 해외 에이전트나 해외 수출을 전문으로 하는 국내 에이전트 리스트를 확보하여 콘텐츠에 관심을 보이는 에이전트에게 소정의 수수료를 주고 거래선 발굴에서 계약까지 일체의 과정을 위임하게 되므로 효과적이다)를 충분히 활용하고 해외 지사를 개설하거나 현지를 직접 방문하여 조사한다. 온라인을 통해서 거래 알선 사이트(인터넷이 발달하기 시작한 이후 온라인을 활용한 거래선 발굴이 주목을 받기 시작하였으며 대표적인 방법이 거래알선 사이트를 통한 방법으로서 전 세계적으로 수백개 이상의 거래 알선 사이트가 활성화되어 있다)를 찾고 검색 엔진(검색엔진의 특성상 해당 지역의 언어를 익히지 않고는 활용이 불가능한 단점이 있으나 검색엔진에 콘텐츠를 등록할 경우 해외 업체들이 검색을 통하여 홈페이지를 방문하고 직접 연락을 취할 수도 있는 장점도 있다)을 적극적으로 활용하며 디렉토리, 전문DB(전 세계 각 기업의 정보를 축적하여 모아 놓은 디렉토리나 DB를 활용하여 관련되는 해외업체에게 e-Mail을 발송하여 공연을 소개하고 관심여부를 확인하는 방법이다.

4.3 해외기업 신용조사

국제 마케팅을 하기 위해서는 해외기업신용조사가 필요하다. 신용조사 항목에는 CHARACTER(상도덕)와 CAPITAL(대금지불능력), 그리고 CAPACITY(거래능력)가 있는데 CHARACTER(상도덕)은 해당업체의 개성, 성실성, 평판, 영업태도 등 계약이행과 관련된 도의심의 파악을 말하는데 신용조회에 있어서 가장 중요시 되어야 하는 사항이다. CAPITAL(대금지불능력)은 해당업체의 재무상태를 파악하는 것이고 CAPACITY(거래능력)은 해당업체의 연간매출액, 업체의 형태(개인회사, 주식회사, 주식의 공개 여부 등), 연혁, 경력 및 영업권 등 영업능력에 관한 내용을 조사하는 것이다. 무역협회, KOTRA 등에서도 신용조사 서비스를 대행하고 있는데 일반 업체에 비해 비용이 저렴한 것이 특징이다. 또한 다양한 도우미 신용정보회사를 통해 신용 조사를 하는 방법도 있다.

4.4 수출입 대행

수출입 대행은 무역업자가 위탁자와의 수출 또는 수입의 [대행계약]에 따라 일정한 수수료를 받고 자기명의로 수출입을 수행하는 것으로서 대행자는 자기 명의로 거래함에 따른 책임(수출입승인/사후관리 등)을 지며 대행자와 위탁자의 관계는 대행계약에 의해서 정해진다. 수출입 대행 시 해당 콘텐츠에 대해 전문적인 지식과 수출입 경험이 있는 자에게 대행을 의뢰하는 것이 필수적이다. 수출입 대행 계약에서는 대행자와 대행의뢰자(위탁자)를 명확하게 표시해주고 수출입승인부터 현지화 등에 관련된 모든 절차의 이행주체를 정한다. 즉, 대행업무의 한계를 명확하게 약정하는데 그 내용에 따라 대행 수수료율이 결정된다. 대행수수료는 당사자 간의 합의에 따라 결정되며 선수금으로 한다.

Part 2

국가별 공연예술작품
국제마케팅 기획안 사례

미국
"All for One"의
미국 진출 마케팅 전략

All for One

(서로 어울릴 것 같지 않은 국악기인 가야금과 힙합의 결합장르)

1. 기획 의도

All for one은 젊은층에게 익숙한 힙합 리듬과 비보이들의 춤 그리고 비교적 잘 알려지지 않은 가야금의 선율이 합쳐진 공연이다. All for one공연 기획 의도는 한국의 선율을 알리고, 동,서양의 음악적 조화를 이루는 공연을 만들 계획이다.

2. 기획 방향

기존에는 김덕수 사물놀이패, 난타 등으로 한국 전통음악 및 한국을 알리는 문화아이템이 타악 분야로 한정되었있다. 바이올린에 버금가는 아름다운 선율을 자아내는 한국의 대표적인 전통현악기 가야금과 젊은 세대가 쉽게 공감하는 힙합 장르와의 결합으로 창조적인 공연아이템을 기획하였다.

All for one는 다문화가 잘 형성된 미국을 중심으로 공연을 하는 것으로 정했다. 처음에는 워싱턴을 기점으로 뉴욕, LA, 시카고, 샌프란시스코로 확대할 예정이다.

3. STP전략

All for one공연이 미국을 선정한 이유는 다문화 국가로서 타 문화의 경계심이 낮고 관심도는 높다고 생각하였다. 그리고 문화를 즐길 수 있는 여유와 높은 삶의 질을 가지고 있다. 또한 현재 한국인이 가장 많이 거주하고 있고, 한국과의 교류가 활발하게 이루어지고 있는 나라이기 때문이다. 따라서 한국문화를 받아들이는데 있어 거부감을 줄일 수 있다는 장점을 가지고 있다.

한국은 기존에 세계 B-boy대회의 우승으로 많은 관심을 끌었지만, 공연 아이템으로는 체계화되어 있지 않기 때문에 한국의 B-boy를 알리는 계기를 만들고, 그 안에 우리 한국적인 가야금 연주와 흥을 돋울 수 있는 비트박스를 접목시켜 공연에 관심이 있는 젊은층의 이목을 끌도록 할 계획이다.

시장세분화로 세계 1위의 한국 B-Boy를 알리는 계기와 세계 음반 시장의 중심이자 공연계의 중심인 미국에서 진행하는 것이며, Targeting으로는 타문화에 대한 사고가 유연한 10대~30대 젊은 층을 대상으로 선정하였다. Positioning은 전 연령을 상대로 한 마케팅을 피하고, 이미 포화 상태의 미국시장의 뮤지컬, 연극 공연 시장과의 차별화를 위해 특정 계층을 위한 맞춤형 마케팅이 필요하다.

4. SWOT분석

All for one공연의 강점으론 세계 B-boy 대회에서 한국팀이 1위를 차지하고 있어서 B-boy이라는 분야로 친숙하게 소비자에게 다가갈수 있고, 외국인에게 신선함을 줄 수 있는 한국의 가야금 이라는 문화 장르을 들수 있다. 그리고 한국의 공연물인 난타, 점프등이 해외시장에서 성공한 사례들이 있다.

그 반면 다양성을 추구함으로써 생기는 집중력이 결여 될 수 있고 관객의 시각의 분산화가 약점이 될 수 있다.

기회요인은 앞에서 언급했듯이 한국 공연물의 성공에 의한 한국 공연에 대한 관심이 높아지고 있고 미국인들의 한국 B-boy에 대한 관심과 개방적인 성격인 미국인들을 들 수 있다. 하지만 현재 진행되고 있는 많은 유명공연들이 있다는 것이 위협요인이 될 수 있다.

5. Marketing- Mix (4P전략)

5.1 Product

All for one은 한국의 아름다운 선율을 보여 줄 퓨전 스타일의 가야금연주와 현란한 몸동작이 매력인 B-Boy, 강한 악센트 리듬으로 이루어진 비트박스 그리고 현란한 손동작의 DJ스크래치로 이루어진 공연이다.

5.2 Place

All For One공연을 할 장소로 관객의 참여유도가 가능한 규모를 가진 NOVA Ernst Community Center를 선정하였다. Northern Virginia Community College는 지역의 거점 대학으로 한국인 유학생은 물론 외국 유학생의 수가 많은 지역이다. 또한 이곳은 외국인 단체나 한인 단체가 자주 애용하는 극장이다.

5.3 Promotion

1) 홍보 방안 - 언론매체를 통한 PR

공연관련 잡지 및 주요 신문사 문화면에 인터뷰 및 공연을 소개함으로써 언론의 공신력을 얻을 수 있도록 하는 것이다.

2) 홍보 방안 - 인터넷 속에서의 광고

All For One 공연의 연습 장면이나 다른 지역에서 한 공연내용을 주기적으로 업데이트하여 동영상으로 홍보하는 방법이 있다. 즉, 미국의 동영상전문 커뮤니티 YOUTUBE 동영상자료를 게재하는 것이다.

3) 홍보 방안 - 퍼포먼스와 옥외 광고를 통한 직접광고

사람이 가장 많이 모이는 시간이나 장소를 선정하여 길거리 퍼포먼스를 통한 직접홍보를 한다. 소비자의 눈길을 끄는 몸동작과 리듬을 통해 단시간에 강렬한 인상을 남기는 직접광고 효과를 내는 것이다. 옥외 광고뿐만 아니라 리플렛등 홍보자료를 이용한다. 실제로 스피닝 광고 솔루션은 미국에서 주목을 받고 있는 광고 형태 중 한 분야다.

5.4 Price

티켓판매의 방법에는 당일 판매뿐 아니라 인터넷판매처를 이용할 수 있다. 우리나라의 인터파크나 티켓링크와 같이 www.ticketmaster.com, www.stubhub.com 사이트 등을 이용하여 공연 티켓을 판매할 수 있다.

판매 가격은 자리에 따라 다르게 가격을 책정을 한다.

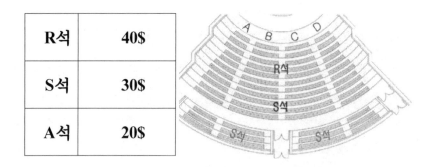

R석	40$
S석	30$
A석	20$

각 자리마다 40,30,20$로 가격을 책정한 것은 현재 미국의 공연가격과 비교하여 가장 적절한 수준에서 책정을 한 것이다.

미국에서 현재 공연되는 공연 티켓의 값과 돈을 내고 이용하는 장소들의 티켓 값을 보면 아래 표와 같다.

라이언킹	66~280$	그리스	125~460
오페라의 유령	120~160$	카니예 웨스트 콘서트	45~570$
맘마미아	160~280$	앨리시아키스 콘서트	50~745
본조비 콘서트	115~3135$	뉴욕자연사 박물관	12,22$
영화 워싱턴 DC	7$		

처음부터 너무 높은 가격을 책정하는 것은 소비자들에게 많은 부담감을 주는 것 같아서 현재 미국에서 공연되는 공연티켓의 값보다 낮은 가격을 책정하였다. 하지만 너무 낮은 가격도 All For One 공연의 이미지에 좋지 않은 영향을 미칠 것 같아서 적절한 수준의 가격을 책정하였다.

1) All For One 공연의 이익 창출

All For One 공연의 이익 창출로 DVD&CD 판매, 야광봉 판매, T-Shirt 판매가 있다. 공연의 영상을 담은 DVD&CD 판매를 하는 것과 사람들이 공연장 안에서 사용할 수 있는 야광봉을 판매 할 수 있다. 그리고 All For One 의 로고가 있는 T-Shirt판매로 또 다른 이익을 창출할 수 있다.

2) 연계마케팅을 통한 수익창출

　기업의 지원을 받을 수 있는 스폰서십을 통해 현금이나, 현물을 협찬받아 공연의 질도 높이고, 또한 스폰서사에게 다양한 이득을 주어 다양한 이벤트를 겸할 수 있도록 한다. 공연장내에서는 스폰서사의 영상을 상영하고, 공연장외에서는 스폰서사 자체의 이벤트를 통해 공연장을 찾는 고객뿐만 아니라, 양사간의 winwin의 기회를 가질 수 있을 것이다. 또한 해외에서 진행하기 때문에 많은 어려움일 따를 것이다. 그렇기 때문에 미국내 KOTRA 워싱톤 본부, 한인상공회의소, KMBE(한국인소수민족사업단)등과 같이 한국과 관련된 영향력있는 기관과의 마케팅 지원을 계획하고자 한다.

"비보이를 사랑한 발레리나" 독일 마케팅 기획서

1. 기획배경

1.1 3C

1) 소비자 분석(customer)

비보이 월드컵이라 불리는 'BOTY'의 개최국으로 비보이에 대한 독일인들의 관심이 점차 높아지고 있다. 게다가 독일인들은 여가생활로 공연예술 관람을 즐긴다. - 독일공연예술협회 보고서에 의하면 독일의 03/04 공연시즌(03년9월-04년5월) 중 오페라·연극·음악연주회 등을 방문한 관객수가 전 시즌보다 3% 늘어난 것으로 나타났음. 그러나 152개 국공립극장의 방문객은 전 시즌보다 0.7% 감소했다. 전문가들은 이를 재정난에 시달리고 있는 국공립극장들이 외부극단 초청오페라 등 비용이 많이 드는 프로젝트를 회피하고 있기 때문인 것으로 분석했다.

국공립극장의 오페라 관람객은 전 시즌보다 22만 명이 줄어 들었는데, 이에 비해 연극은 전시즌 579만 명에서 596만 명으로, 아동극은 248만 명에서 253만 명으로, 뮤지컬은 185만에서 191만 명으로 관람객이 각각 늘어났다.

때문에 무언극 '비보이를 사랑한 발레리나는' 독일인들에게 적합한 콘텐츠라고 판단. 그 중 관광지로 유명한 '쾰른(Köln)'의 사람들은 문화에 대한 개방성이 높고 길거리 문화에 친숙하기 때문에 이 콘텐츠는 독일인들에게 수용되어질 것이다.

2) 경쟁 업체 (competitor)

여가생활로 공연생활을 즐기는 독일인들의 성향으로 독일에는 많은 소극장 및 오페라, 뮤지컬 등의 공연이 성황 중이다(그 예로 Köln의 'Musical Köln Dome'에서 공연하고 있는 'We will Rock you'). 그러나 춤을 이용한 무언극, 비보이가 등장하는 작품은 찾기 어려움.

3) 자기 분석 (corporate)

'비보이를 사랑한 발레리나'는 요즘 전 세계적으로 많은 관심을 받고 있는 비보이들의 화려하고 세련된 춤과 발레리나들의 우아한 발레동작이 합쳐진 퓨전극이라는 점과, 우리나라에서 기획, 제작된 극임에도 불구하고 무언극이어서 독일시장에서 충분히 성공할 수 있는 가능성이 있다. 반면에 무언극이라 극이 지루할 수 있다는 작품의 한계점이 있다.

이러한 환경분석을 알아본 결과 무언극이라는 점, 공연을 좋아하는 독일인들에게 적합한 공연이라는 점에서 분명히 시장성은 있지만 무언극이어서 극이 지루해질 가능성이 있고, 수 많은 다른 공연예술 문화 중에서 선택

될 가능성은 미지수이다. 그래서 독특하고 효과적인 프로모션 방법으로 이러한 약점들을 극복해야 할 것이다.

1.2 공연콘텐츠 시장현황 (STP)

1) 시장세분화 (segmentation)

① 재미를 추구하고자 하는 욕구
  • 여가활동으로 공연예술을 즐김
  • 흥미로운 소재와 춤

② 가족, 연인들의 공연 관람 욕구

③ 춤에 대한 관심이 높은 집단

2) 목표시장 선정 (targeting)

10대에서 30대의 공연예술을 즐기는 모든 남녀가 타켓팅

3) 포지셔닝

콘텐츠 '비보이를 사랑한 발레리나'는 아직 독일시장에서 알려지지 않은 공연예술이지만 언어 없이도 이해할 수 있다는 무언극이라는 점, 힙합과 발레를 믹스한 독특한 구성이라는 차별화로 소비자들의 인식에 기존의 극과는 다른 전혀 새로운 장르로 위치를 차지할 것이다.

이 콘텐츠의 컨셉트는 남녀노소 모두가 즐길 수 있는 차별화된 넌 버벌 (Non verbal)퍼포먼스이다.

2. 기획의 목적 및 내용

2.1 콘텐츠 특징 및 내용 소개

1) '비보이를 사랑한 발레리나'의 특징

세계 관광시장이 리조트나 테마공원 등 하드웨어에서 공연 등 소프트웨어시장으로 급격히 전환되고 있다. 우리나라 역시 이런 추세에 발맞춰 난타를 이을 세계적인 공연예술 발굴에 노력하고 있다. 그 중 가장 주목받는 것이 난타처럼 넌버벌 퍼포먼스(비언어 공연)인 비보이다.

비보이는 원래 길거리에서 브레이크댄스를 추는 젊은이를 일컫는 말이다. 해외에서 시작됐지만 최근 한국 비보이들이 세계경연대회를 휩쓸고 있어 한류 공연을 이끌 유망주로 떠오르고 있다. 지난해 12월 관광공사는 한국 대표 공연을 해외에 홍보하기 위해 '2006 코리아인모션' 행사를 열기도 했다. 이 행사에서 난타는 물론 비보이와 마술쇼 등을 해외 방송과 문화 콘텐츠 수입업자, 일반 관객을 대상으로 펼쳤는데 일본과 중국, 싱가포르, 홍콩, 말레이시아 등지에서 약 3000명의 해외 관람객이 방한했다. 특히 비보이는 난타보다 외국 관광객들의 반응이 더 빠르게 나타나고 있다. 최근에는 비보이를 대금이나 가야금 등 한국 전통음악이나 발레, 코미디, 마임 등 다른 장르와 적극적으로 결합한 다양한 시도가 나오고 있다. 4월 영국 런던 웨스트엔드 피콕극장에는 국내 기획사와 일본 기업 어뮤즈가 공동제작하는 비보이 공연 '피크닉'이 초연될 예정이다.

이러한 뜨거운 관심을 토대로 경쟁력 있는 공연을 기획하여 세계로 수출하기 더 없이 좋은 기회이다.

그렇다면, 어떠한 공연을 수출할 것인가?

경쟁력 있는 공연예술 콘텐츠가 되기 위해서는 세계가 공감할만한 점을 가지고 있어야 된다. 그러한 점에서 '춤'이라는 매개체는 동서양을 막론하고 흥을 느낄 수 있기에 경쟁력 높다고 판단하였다. 현재 한국 비보이는 세계 각국의 대표들이 참가하는 B-Boy 대회에서 챔피언을 차지하고 있을 만큼 실력이 대단하기 때문에 문화 공연으로서 개발하면 성공할 가능성이 크다고 낙관되고 있다. 그뿐만 아니라, 발레리나의 숭고한 사랑을 그린 21세기형 로미오와 줄리엣으로 인간의 순수한 내면의 세계를 보여주므로 서양인에게도 낯설지 않게 다가갈 수 있다.

또한 전통과 현대를 충돌시킴으로싸 세대간, 계층 간의 갈등을 묘사하였다는 점에서 세계인의 공감을 살 수 있다.

이러한 이유에서 기획된 '비보이를 사랑한 발레리나'는 기존의 길거리에서 이루어지던 브레이크 댄스를 극장 안으로 옮겨 옴으로써 대중과 그 문화를 더욱 다양하게 공유하고 즐길 수 있다. 비보이들의 자유분방한 춤을 시작으로 막이 오르고 관객은 그들의 춤에 열광하며 하나로 녹아든다.

곧이어 연습실을 무대로 발레리나의 환상적인 춤이 이어진다. 총 7막으로 구성된 공연은 파워풀한 춤과 우아한 춤으로 서로 다른 장르이면서도 절묘한 조화와 소통의 무대를 선보였다. 현재 홍대 앞에서 355석의 전용소극장을 갖추었고, 전국을 돌며 장기공연 중이다. 젊은 층만 찾을 줄 알았던 공연은 어린이들은 물론, 노인층까지 끌어들이며 다양한 계층이 모여 발 딛을 틈이 없을 만큼 큰 성공을 이루었다.

이렇듯 국내의 성공을 바탕으로 독일에 수출하여도 경쟁력이 있다고 판단하여, '비보이를 사랑한 발레리나'를 독일마케팅의 콘텐츠로 선정하게 되었다.

2) '비보이를 사랑한 발레리나' 내용소개

콘텐츠의 내용을 소개하면, 프리마돈나를 꿈꾸던 발레리나가 비보이를 만나 사랑을 하게 되어, 결국은 비보이로 동화되어 가는 과정을 그린 작품이다.

'비보이를 사랑한 발레리나'의 관전 포인트로는 공연장의 상식을 깨는 것이다.

공연장에서 으레 듣게 되는 정중한 멘트 하나가 '휴대전화는 진동으로 해주시고 사진촬영은 금지합니다'일 것이다. 그러나 '비보이를 사랑한 발레리나'에서는 공연 시작 전부터 그 상식이 무너진다. "휴대전화는 맘대로 받으시고, 사진도 맘대로 찍으세요!"라는 안내방송이 흐르기 때문이다.

이처럼 시작부터 남다른 이 공연은 90분간의 공연시간 내내 우리가 가진 공연에 대한 고정관념을 깨뜨린다.

거리의 춤이라고 여겨지던 비보이의 퍼포먼스를 무대 위로 끌어들였다는 사실 자체도 획기적이지만 무엇보다 눈에 띄는 것은 관객의 관람태도이다. 이 공연은 유난히 관객들이 시끄럽다. 아주머니와 아저씨, 초·중·고생 등 남녀노소가 한데 어우러져 빽빽 소리치며 환호한다. 다른 공연장이었으면 이미 쫓겨났을 불량한 관객들을 환영하며 더 소리 질러 주길 종용하는 공연이라는 점이 이 공연에서만 느낄 수 있는 특별함이다.

또한 비보이에서 발레, 현대무용까지… 다양한 몸짓의 어우러짐을 특징으로 들 수 있다.

발레는 몸의 선을 곧게 살려주는 춤이다. 목과 어깨, 팔과 손목, 다리와 발목 모두 우아하고 아름답게 꼿꼿이 세워준다. 반면 비보이는 신체 구조의 한계에 도전하며 꺾는 춤이다. 팔도 반대로 꺾고, 다리도 반대로 꺾고, 때로 다리를 공중에 띄우고 손이나 머리로 몸의 균형을 잡는 등 신체구조에 따른 기능과 역할에 대한 모든 고정관념을 무너뜨린다. '비보이를 사랑한…'에서는 이 상반된 춤을 모두 만나볼 수 있는 것이다. 그 춤과 더불어 상반된 음악을 느끼고 그 나름의 아름다움과 멋도 각각 느낄 수 있다. 그뿐만 아니라 발레리나의 꿈속에 등장하는 가면을 쓴 무용수들은 단순한 비보이의 춤을 뛰어넘어 현란한 볼거리를 제공한다. 위의 사진처럼 깜깜한 극장에서 하얀 가면을 쓴 무용수들이 여기저기에서 튀어나오기도 한다.

공연의 제목에서 알 수 있듯이 어린 시절부터 발레리나를 꿈꾸던 여주인공 소연은 비보이 크루 석윤과 브레이크 댄스에 대한 생각으로 혼란스러워

하며 그러한 혼란은 꿈속으로 까지 이어진다. 꿈에서 깬 소연은 결국 사랑을 하게 된 석윤으로 인해 발레리나의 꿈을 접고 브레이크 댄스 연습에 돌입하게 된다. 그리고 얼마간의 세월이 흐른 뒤 소연은 힙합복장을 한채 예전의 힙합 광장에 나타난다.

그러나 비보이들은 소연을 의아하게 생각했고 받아들이지 않는다. 또한 그들은 소연을 내 쫓으려고만 한다. 그러나 예전에도 그랬던 것처럼 석윤이 나서서 제지하고 소연의 브레이크 댄스를 보게 된 광장의 비보이들은 멋진 댄서로 변신한 소연을 친구로 맞이해준다. 그리고 소연은 마음에 두었던 석윤과 연인으로 첫 만남을 시작한다.

여주인공 소연역을 맡았던 박가원씨는 발레공연과는 달리 이번 공연을 통해 무엇보다 관객들과 직접 호흡하는 무대라서 인상 깊었다고 소감을 밝히기도 하였다. 남주인공 석윤역의 백명훈씨도 앞으로도 많은 관객들이 공연을 찾아와 함께 즐기고 느끼는 자리가 될거라는 기대감을 나타냈다.

가슴이 쿵쾅 거리는 음악소리와 파워풀한 춤, 또 우아하면서도 역동적인 발레를 보며 무대와 하나가 되어 쉴새 없이 터져나오는 관객들의 환호성 속에서 '비보이를 사랑한 발레리나'는 그 어떤 공연보다도 특별하지 않을까 생각된다.

2.2 독일 시장에 '비보이를 사랑한 발레리나' 콘텐츠 선정 이유

할리우드에서 한국의 비보이를 소재로 한 작품을 속속 내놓고 있어 관심을 모으고 있다.

지난 3월 한국의 비보이 크루 '라스트 포원'을 소재로 한 다큐멘터리 영화 '플래닛 비보이(Planet B-Boy, 감독 벤슨 리)'가 미국에서 개봉한 데 이어 또다른 비보이 팀인 '갬블러'의 이야기를 담은 영화 '하이프네이션

(Hype nation)'이 오는 7월 중순 미국 촬영을 앞두고 있다. 세계의 문화의 중심인 할리우드에서도 한국의 비보이에 보내는 관심에서 알 수 있듯이 한국의 비보이는 공연예술 콘텐츠로서 강점을 가지고 있다고 판단할 수 있다.

실제로 '비보이를 사랑한 발레리나'가 뉴욕 브로드웨이에 진출한 적이 있다. 뉴욕에 위치한 500석 규모의 37ARTS 극장에서 종영일을 정하지 않고 장기 공연에 들어갔다. 작품의 흥행성을 인정한 극장 측에서 장기 공연을 보장, 3개월간 평균 관객 점유율 65%를 달성하면 무기한 공연에 들어가기로 했다.

특히 '비보이를 사랑한 발레리나'의 배우로 등장하는 '익스트림 크루'의 경우 비보이 월드컵으로 통하는 독일 '배틀 오브 더 이어'에서 우승했다. '배틀 오브 더 이어'는 1990년 독일에서 시작된 세계 최대 규모의 비보이 대회기도 하다. 아시아 예선을 통과한 3개 팀을 비롯, 각국 예선을 거친 비보이팀들이 격돌하는 현장이다. 올해는 한국을 비롯하여 프랑스, 일본, 독일, 미국, 스웨덴, 브라질 등 20개국 대표팀이 참여 및 경합했다.

따라서 '익스트림 크루'를 알리는데 독일 시장이 다른 시장보다 좀 더 유리할 것이다.

특히 배우들이 춤을 매개로 펼쳐지는 장면의 멋과 힘, 그리고 힙합, 재즈, 현대무용, 팝 댄스 등 다양한 장르의 춤들이 이야기로 조화를 이뤄 신선한 감동을 선사한다.

무언극의 형태로 오직 춤과 노래로만 표현하는데서 어려움이 따를법한데 배우들은 가수들이 리듬에 맞춰 노래를 하듯 댄서라 음악에 맞춰 춤을 추고 표현하기 때문에 크게 어렵지 않다고 한다. 요즘 젊은 세대들의 멋과 흥에 맞게 의도적인 오버랩이 끊임없이 기교적으로 사용돼 지루할 틈이 없이 경쾌한 속도로 진행된다. 이렇듯 '비보이를 사랑한 발레리나'는 무언극이라는 강점을 바탕으로 언어의 장벽을 뛰어넘어 독일 시장을 공략할수 있을 거라 예상된다.

<비보이를 사랑한 발레리나 해외 공연 관련 기사>

3 마케팅 전략

3.1 4P

1) Product

2007년 10월 독일에서 개최된 비보이 월드컵이라 불리는 비보이 세계 대회 '배틀 오드 더 이어(Battle of the year)', 줄여서 '보티(BOTY)'라 불리는 이 대회에서 우승을 차지한 세계적으로 인정받은 실력파 비보이 팀인 '익스트림 크루'가 이 공연의 배우들이다. 무언극인 비보이를 사랑한 발레리나는 프리마돈나를 꿈꾸던 발레리나가 비보이를 만나 사랑을 하게 되며 결국은 비보이로 동화되어 가는 과정을 그리고 있다. 우아한 발레와 즐거운 비보이들의 춤이라는 매개체를 통해 젊은이들의 꿈과 사랑, 열정을 무언극 뮤지컬로 탄생시킨 작품이다.

2) place

관광지로 유명한 쾰른의 소극장으로 선정하였다.

쾰른은 라인(Rhein)강이 시내를 관통하며 흐르는 독일에서 인구가 가장 많은 노르트라인-뵈스트팔렌 주(州) (Land Nordrhein-Westfalen)안의 대표 도시로 독일의 가장 큰 교통 중심지 중 하나이며 경제, 문화, TV, 라디오 방송의 기지이기도 한 쾰른은 문화성장률이 높은 도시이다.

주요 관광 명소로는 '쾰른 대성당 (DOM)', '발라프 리히아르츠 미술관/ 루드비히 미술관(WALLRAF-RICHARTZ MUSEUM/MUSEUM LUDWIG)', '쉬누트겐 박물관 (SCHNUTGEN MUSEUM)', '로마 게르만

박물관 (ROMISCH-GERMANISCHES MUSEUM)', '구시청사 (ALTES RATHAUS)' 등이 있으며 주요 축제로는 '쾰른 카니발'과 '쾰른 마라톤' 등이 있다.

한편 독일에서 최대 인구를 가진 노르트라인-베스트팔렌주가 내놓은 지난 '문화산업 보고서'는 출판, 영화, 음악, 미술, 공연 예술 등 5대 부문에 대한 연구를 내놓았다. 동 보고서에 따르면 노르트라인-베스트팔렌주의 문화산업 총매출은 전체산업 생산량은 100% 증가한데 반하여 03-04년간 214%나 증가했다. 또한 독일에서 공립극장 밀도가 가장 높은 곳으로 공립극장 26개가 있다.

또 관광객이나 외국인 문화에 대한 개방성이 비교적 높은 곳이 이 노르트라인 뷔스트팔렌 주이다. 쾰른은 다른 도시에 비해 거리 공연도 활성화돼 있는 곳이다.

<노르트라인-뷔스트팔렌 주(州) (Land Nordrhein-Westfalen)의 대표 도시 쾰른(Köln)>

3) Price

독일 내의 소극장 규모의 공연 가격과 비슷한 가격으로 책정할 것이다.

가격 경쟁 측면과 한국에서 연극 이외에도 많은 활동으로 수입을 올리고 있는 비보이들의 출연료에 대한 비용이 있다 해도 다른 연극들보다 무대장치 관련 비용이 덜 들고 방송광고는 하지 않을 것이기 때문에 독일 기존 소극장 공연 가격들과 비슷하게 책정하게 될 것 이다.

현재 <비보이를 사랑한 발레리나>의 한국 티켓 가격은 45,000원이다. 그리고 독일 쾰른의 소극장의 티켓 가격 평균은 약 20유로 정도이다. 한국 티켓 가격을 유로로 환산해보면 1유로에 한국 돈 1,500원으로 환산할 경우 약 30유로 정도가 된다. 그러하므로 독일에서 <비보이를 사랑한 발레리나>가 공연하게 될 경우 티켓 가격은 약 20~30유로가 될 것이다.

4) Promotion

<비보이를 사랑한 발레리나>는 대규모 공연이 아닌 만큼 방송광고는 자제하여 비용은 절감하고 독일인들에게 친숙하고 가깝게 다가갈 수 있는 홍보로 구상한다.

① 맥도날드(Mcdonald)와 제휴-복권 마케팅

<비보이를 사랑한 발레리나> 공연의 주 관람객 층이 10대에서 30대 정도의 젊은 층이기 때문에 젊은이들이 많이 가고 공연의 이미지처럼 활발한 분위기를 가진 맥도날드와 제휴를 맺는다.

맥도날드에서 어떤 햄버거 세트를 먹으면(z.B-가장 인기 있는 메뉴, 가장 비싼 메뉴, 새로 나온 메뉴 등) 즉석복권을 주어 약 100쌍 정도 <비보이

를 사랑한 발레리나>공연의 무료티켓을 주는 행사를 벌이는 것이다. 많은 젊은이들에게 인기인 맥도날드에서 즉석 복권을 줌으로써 당첨자 이외에도 여러 젊은이들이 <비보이를 사랑한 발레리나>라는 공연이 있다는 것을 알리는데도 많은 효과를 얻을 것으로 예상된다. 이러한 제휴를 통해 맥도날드는 자사 이미지 개선, 판매 촉진 등의 효과를 거두어 양측 모두 좋은 이익을 창출해낼 것으로 예상한다.

<맥도날드 복권 마케팅 가상 이미지>

② 호텔과의 연계

쾰른의 호텔들과 연계를 맺는다.

한국의 경우 좋은 공연이 있다고 해도 서울에서 부산이나 대전 등 지방으로 내려가는 일이 거의 없는 편이지만 독일인들의 경우 좋은 공연이 있으면 관광을 겸하여 다른 도시로 가는 성향이 있다.

쾰른은 관광도시인만큼 많은 호텔이 있고 이 호텔들과 제휴를 맺어서 공연 관람 시 호텔의 숙박할인을 받을 수 있게 하고 <비보이를 사랑한 발레리나> 공연의 팜플릿을 호텔 내 로비에 비치하도록 한다. 반대로 <비보이를 사랑한 발레리나> 공연을 모르고 쾰른에 와서 호텔에 투숙하다가 공연 팜플릿을 보고 공연에 오고자 하는 제휴 호텔의 투숙객이 있다면 거꾸로 공연의 할인 또한 가능하도록 제휴를 맺는다. 주 관람객 층이 10대에서 30대의 젊은 층인 만큼 비싼 특1급 호텔만이 아닌 저렴한 호텔과 유스호스텔를 포함한 여러 호텔들과 연계를 맺는다.

독일인들의 공연에 대한 이러한 성향과 더구나 관광지로서도 매력적인 쾰른인 만큼 이러한 호텔 연계 프로모션은 많은 효과를 거둘 것으로 예상된다.

③ 버즈(Buzz) 마케팅 전략

일종의 '버즈 마케팅'으로 쾰른에서 유동인구가 많은 중심가에서 주말 오후에 게릴라 공연을 펼친다. 비보이들이 그냥 평범하게 길을 가다가 사람들이 많이 다니는 중심가 길에서 즉흥적으로 춤을 추어 주위의 이목을 끌고 홍보를 하는 것이다.

게릴라 공연의 횟수는 약 8번 정도로 공연 시작 후에는 비보이들의 체력적, 스케줄적 문제로 인해 불가능해질 것이므로 공연 시작 약 한달 전 정도부터 주말마다 하게 된다.

Internet Users and Penetration in Select Countries in Europe, 2007-2012 (millions and % of population)

<한국에서 비보이의 길거리 공연의 예> <유럽 내 독일의 인터넷 사용률>

④ UCC를 통한 바이럴(viral)마케팅

위 옆의 신문 기사 자료는 2007년부터 2012년까지의 유럽의 인터넷 사용률 현황과 예상에 대한 자료이다.

빨간 밑줄이 쳐진 것이 독일로 자료에서 보다시피 독일은 2008년 현재 두 번째로 높은 수지인 러시아의 40.3%로와도 많은 차이를 보이는 50.4%의 인터넷 이용률을 보이고 있으며 2012년에는 57.9%정도의 인터넷 이용률로 내다보고 있어 유럽 내 최고의 인터넷 사용률을 보이고 있다. UCC를 이용한 '바이럴 마케팅'을 한다.

'버즈 마케팅'의 일환인 길거리 게릴라 공연을 동영상으로 찍어 독일의 UCC 사이트인 'you tube'를 비롯해, 블로그 사이트인 'my space'와 'face book'에 동영상을 유포할 것이다.

3.2 SWOT

1) Strong point

강점을 살펴보면 보통 한국 공연들이 수출 시 가장 큰 어려움은 언어적인 면이다. 하지만 <비보이를 사랑한 발레리나>는 이러한 언어적 문제가 없는 '무언극'이라는 점이다.

또한 이 연극의 주인공들인 '익스트림 크루'는 독일의 '배틀 오브 더 이어(Battle of the year)'에서 우승한 팀이며 그 외에도 '겜블러', 'T.I.P' 등 한국의 비보이들이 각종 세계 비보이 대회에서 우승을 휩쓸고 있을 정도로 또한 한국 비보이들의 실력이 세계적으로 매우 뛰어나고 인정받은 점이다.

2) Opportunity

기회요인을 살펴보면 우선 국내외적으로 비보이에 대한 관심이 높아지고 있다는 점이다. 가까운 예로 대학교에서도 행사가 있으면 빠짐없이 비보이가 공연을 오고 있으며 <허니>, <스텝업> 등 세계적으로 비보이 관련 영화들이 늘고 있는데 이는 이미 세계적으로 젊은 층에게 절대적 인기를 얻고 있다는 증거이다. 2008 베이징 올림픽 전야제에도 한국 비보이들이 초청을 받아 공연을 할 예정이며 한국 기업들 또한 비보이를 앞세워 마케팅을 하고 있다. 한 예로 한국 LG전자의 경우 비보이 마케팅을 위해 2012년까지 총 100억원을 투입한다고 밝혔다. 이러한 한국 기업의 비보이에 대한 관심은 앞으로 비보이 공연 문화가 해외 진출 시 많은 후원을 제공할 것이다.

또 다른 기회 요인은 독일의 <배틀 오브 더 이어>를 비롯해 영국의 <UK 비보이 챔피언십>, 미국의 <프리스타일 세션>과 국가를 옮기며 개최하는 <레드불 BC one> 등 세계 4대 비보이 배틀을 한국 비보이들이 잇따라 석권하며 세계적으로 인정받는 최고 수준에 올라서 있다는 점이다.

그리고 또 다른 기회 요인으로 무언극들의 해외 성공사례를 들 수 있는

데, 점프와 난타 등 무언극이 언어적 장벽을 넘어서 해외에서 성공한 사례가 있다. 이는 한국의 공연이 언어적 문제를 해소함으로써 해외 진출에 더 쉽게 성공할 수 있음을 보여준 것이며 무언극인 비보이를 사랑한 발레리나에게는 큰 발판이 되어주는 것이다.

3) Weak point

약점으로는 무언극이라는 것이 언어적 장벽을 넘을 수 있다는 점에서 기본적으로 강점으로 작용 하지만 자칫하면 좀 지루하게 느껴져 버릴 수 있다는 점이다.

→이를 해소하기 위해 공연시간을 1시간 반에서 두 시간 사이로 너무 길지 않게 한다.

4) Treat

위협요인으로는 독일 사람들이 공연을 좋아하는 만큼 공연들이 독일 내에 많은데 수많은 공연 중에서 과연 선택될 가능성이 얼마나 있는 가이다.

→이 위협요인을 해소하기 위해서 독특한 프로모션을 통해 해소하기로 하였다. 맥도날드와 호텔 등과의 제휴, 인터넷을 통한 바이럴 마케팅, 게릴라 공연을 통한 버즈 마케팅 등이 그것이다.

3.3 4C

1) Customer value

'비보이를 사랑한 발레리나'의 공연을 보러온 관객을 수동적인 관객으로 머물도록 하지 않고 관객의 참여욕구를 위한 기회를 제공한다.

공연의 내용 중에서 길거리에서 자연스러운 배틀이 붙은 장면이 있다.

그 장면에서 자연스럽게 관객을 무대로 이끌어 함께 춤을 추며 공연에 참여할 수 있는 기회를 제공하는 것이다.

2) Cost

관객으로 하여금 20~30 유로 정도의 입장료에 대해 '아깝다'라는 생각이 한 순간도 들지 않도록 다른 공연에 비해 무대 장치나 광고 등의 비용보다는 공연 자체의 질을 위해 비보이들을 비롯한 배우들을 위한 투자를 하고 쾌적한 공연장을 선정하여 배우들을 통한 다양한 볼거리를 제공한다. 또한 무언극이라는 점을 고려해 너무 긴 시간을 피하되 고객의 입장에서 투자비용에 대한 충족감을 느낄 수 있도록 너무 짧다고 느끼지 않도록 구성한다.

3) Convienence

쾰른이라는 유명한 관광 도시로 공연을 위해 발걸음을 하는 소비자 집단과 연인들, 가족단위 등의 소비자를 고려하여 접근성이 좋고 관광지와도 근접하며 대중교통을 이용하기에 편리한 시내에 있는 극장으로 선정한다.

또한 예약과 판매는 극장과 인터넷, 전화를 통해서 모두 가능하도록 배려한다.

4) Communication

홈페이지 관리를 체계적으로 하고 고객들이 공연 후기를 작성할 수 있는 공간을 만들어 관객들과 끊임없는 대화를 시도한다.

또한 '배우'와 '관객'을 아주 다른 것으로 분리한다거나 '배우'를 우상화하지 않는 독일 관객을 고려하여 한 달에 한번 공연 후 파티를 열어 함께 즐거운 시간을 보낼 수 있는 기회를 만든다. 하지만 이때 '술' 등 청소년,

어린이를 대상으로 하기엔 적절치 않은 요소가 있을 수 있으므로 한 달에
한번 공연 후 갖는 이 파티만은 '성인'만을 대상으로 한다.

3.4 OSMU

비보이와 힙합, 힙합과 그래피티는 뗄레야 뗄 수 없는 관계이다.
따라서 힙합의 한 요소인 그래피티를 활용하여 티셔츠, 모자 등에 새겨
판매한다.

<공연과 관련된 그래피티를 개발하여 활용한 예>

 특히 무언극인 <비보이를 사랑한 발레리나>에
서 아주 중요한 요소인 음악을 O.S.T.로 만들어 CD
를 판매한다.

독일 ②
독일에 상륙한
"안동국제탈춤 페스티벌"

1. 축제배경

1.1 배경

1) 독일인들의 한국문화에 대한 관심 증가[4)]

① 독일에서 맞은 '한국의 해' 행사

2005년에는 '한국의 해'를 맞아 한 해 동안 독일 전역에서 400여개의 한국 문화행사가 펼쳐졌다. 개최된 주요 행사의 면면을 살펴보면 '한국 예술 영화제', '프랑크푸르트 국제도서전'에서 주빈국으로 초청, 베를린 동아시아 박물관에서의 '고구려 고분 벽화전'을 꼽을 수 있다. 이외에도 다양한 공연, 건축 등의 전시회를 통해 한국의 과거와 현재가 독일에 소개되었다면, 하노버에서 개최된 세계 최대의 컴퓨터박람회인 CeBit박람회에서 우리의 IT기술을 통해 한국의 현재와 미래를 보여주었다.

---

4) 주독문화홍보원장 김거태가 청와대홈페이지에 게재한 글, '연이은 한국의 날 행사로 독일이 뜨겁다', 2005년 4월 8일

② 한국영화에 대한 독일인들의 관심 증가

또한 우리가 모르는 사이 한국 영화가 독일 극장가에서 20만명의 관객을 동원한 일도 소개한다. 김기덕 감독의 영화 '봄 여름 가을 겨울 그리고 봄'은 독일 전역에서 개봉되어 유료관객 연인원 20만명을 동원해 독일 영화시장에서 한국 예술영화의 상업적 성공 사례를 남겼다.[5]

③ 한국문화에 대한 관심증가의 배경

다른 서구인들과 마찬가지로 독일인들에게도 서구 우월주의적 태도와 동양을 폄하하는 태도, 그리고 이문화에 대한 거부감으로 인해 동양문화를 소개하는데 어려움을 겪어왔다. 그러나 이러한 독일인들도 점점 이국적인 아시아 문화에 관심을 보인다고 한다.

같은 아시아권에서 우리와 함께 문화적으로 주도적인 위치에 있는 일본에 비해 한국은 과거사로 인한 좋지 않은 인상과 잡음이 없는 장점이 있다. 또한 이미 우리보다 많이 소개된 일본문화와 다른 배경을 가지고 있어 그들의 이국적인 문화에 대한 동경을 충분히 만족시켜 준다고 볼 수 있다. 마지막으로 독일과 마찬가지로 우리는 전쟁의 폐허를 딛고 경제적, 문화적으로 높은 수준에 도달한 국가라는 공통된 경험도 가지고 있다.

2) 월드컵의 개최로 세계 문화에 대한 관심과 호기심 증가

① 2002년 월드컵 개최를 통해 각인된 세계속 한국의 인상

세계를 놀라게 한 한국의 월드컵 4강 진출과 수백만명이 연출한 장대한 거리응원은 세계 속에 한국의 이미지를 동적이고, 역동적으로 각인시켰다.

---

5) 주독문화홍보원장 김거태의 글, 국정홍보처, 2004년 8월 4일, '독일상륙 한류열풍 얼마나 불어줄까?'

그렇다면 월드컵 이전에 세계 속에 우리의 이미지는 어떤 것이었을까?

제5회 한국 이미지 콜로키움6)에서 발표된 서양에 한국이 잘 알려지지 않고, 또한 왜곡된 이미지로 알려진 원인을 정리하면 다음과 같다. 여러 원인 중에서 우선 역사적인 이유로 17세기 이후 개항 이전까지 서양의 여러 나라들이 태평양 지역 국가들과 활발히 교역할 때 한국은 쇄국정책을 고수하여 서양과의 교류를 차단함으로써 한국을 알릴 기회를 상실하였다는 것이다. 또한 세계에 널리 퍼진 한국인의 주식은 '개고기와 마늘'이라는 편견은 한국을 더럽고 야만적인 나라로 각인시킨다고 한다.

이에 대해서는 우리에게도 원인이 있다고 지적한다. 그동안 한국문화를 해외에 홍보하고 알리는 데 얼마나 많은 노력을 쏟았나 반성이 필요하다는 것이다. 외국인들의 한국에 대한 이해를 높이기 위해서는 지속적이고, 장기적인 문화홍보가 필요한데 우리는 소홀했다는 것이다.

그러한 측면에서 2002년 월드컵은 우리에게 좋은 기회를 주었다. 후진적이고, 야만적인 이미지가 아닌 활기차고, 깨끗한 이미지를 세계에 심은 것이다. 월드컵 개최를 통해 우리는 한국문화를 더 친근하게, 손쉽게 소개할 수 있는 여건을 마련했다고 평가할 수 있다.

② 월드컵과 문화교류

월드컵을 통해 문화교류가 이루어지는 형태는 다음과 같이 유형화할 수 있다.

→ 첫 번째, 개최지와 본선 참가국

---

6) 한국학중앙연구원, 제5회 한국이미지 콜로키움, '야만인의 나라 한국 : 한국에 대한 이탈리아의 무지와 오해'

→ 두 번째, 개최지와 본선 참가국 외 국가

→ 세 번째, 본선 참가국간의 관계

→ 네 번째, 본선 참가국과 그 외 국가간의 관계

→ 다섯 번째, 본선 개최 도시와 그곳에서 경기를 치르는 국가간의 관계

더 세분해서 유형화할 수 있겠지만, 여기서는 필요한 한도에서만 유형화를 시도하고자 한다. 우리의 주제, 즉 독일에 한국의 전통문화를 어떻게 소개할 것인가라는 목적에 쓰일 수 있는 유형은 첫 번째 유형과 다섯 번째 유형이 될 것이다.

우리가 보다 중점을 두는 지점은 다섯 번째 유형이다. 본선 개최도시와 그곳에서 경기를 치르는 국가간에는 축구경기 자체로 직접적인 문화교류가 이루어진다.[7] 그 이유는 선수나 언론종사자를 비롯한 대회관계자뿐만 아니라 응원단 등도 경기장을 찾기 때문이라고 할 수 있다. 따라서 월드컵 개최도시는 자연스럽게 그 도시에서 경기를 치른 국가의 문화, 더 나아가서는 감성까지도 이해할 수 있는 기회를 얻게 된다.

월드컵 개최도시와 본선 참가국의 관계에서 검토한 바에 따라 우리는 안동국제탈춤 페스티벌의 부지를 정해야 할 것이다.

그 이유는 안동국제탈춤 페스티벌이라는 명칭에서 알 수 있듯, 우리가 소개하려는 것은 보편적이고, 세계적인 것이 아니기 때문이다. 우리는 한국의 전통적, 지역적인 문화를 소개하려는 것이다. 그러나 한 국가의 전통문화를 다른 국가에 소개하는 것은 쉬운 일이 아니다. 일례로 일본의 대중문화가 한국에 개방되기까지의 과정을 보더라도 그렇다. 그렇지만 월드컵

---

7) 한국문화관광정책연구원, 유철인, '제주월드컵' 제주 이미지 심기 전략

개최도시라는 부지조건을 고려하면 전제가 달라진다. 개최 도시에서 이미 시민들은 우리의 응원단을 보고 경험했다. 우리의 사물놀이, 태평소 소리 등이 전혀 낯설지 않을 것이다.

우리 응원단이 성숙한 의식으로 그들에게 좋은 인상을 심어준다면 우리의 전통문화를 그 도시에 소개하는 데 보다 수월할 것이다.

1.2 주된 목적

1) 노동력 수출국 이미지를 탈피

과거 한국정부는 1964년 서독에서 1억 4000만마르크(3000만달러)의 상업차관을 빌려오는 댓가로 독일에 광부와 간호사를 파견하였다.[8] 간호사 1진 128명이 독일땅을 밟던 1966년 한국 국민소득은 125달러였다. 또, 1963년부터 1978년까지 광부도 7900명이 서독에 갔다. 1진 500명을 모집할 때 지원자만 4만 6000명이 몰렸다고 한다. 이렇게 독일에 보내진 간호사와 광부를 派獨 간호사, 혹은 派獨 광부라고 한다.

우리나라에도 많은 이주노동자들이 들어와 고국에 가족들의 생활비, 학비를 보내기 위해 노동력을 제공하고 있다. 머나먼 타국에 와서 많은 위험을 무릅쓰고 힘겹게 살아나가는 그들에 대한 일반 대중의 시각이 어떠한가?

아마 독일에서 한국의 이미지는 우리가 이주노동자들을 보는 것과 비슷하지 않을까 생각된다. 이러한 타인에 대한 시선에 대해 옳고, 그름의 문제

---

8) 조선일보 사설, 2006년 5월 22일, '이 땅에서 잊혀진 派獨(파독) 간호사, 광부들의 40년'

를 떠나 그것이 실재한다면 그러한 저평가를 어떻게 극복할 것인가 또한 우리가 생각하고 고민해야 할 과제이다.

그래서 당당하게 우리의 전통문화를 그들에게 소개하자는 발상을 하게 되었다. 우리의 경제력과 군사력은 이미 세계적으로도 상당한 수준에 올라와 있다. 그러나 그에 상응한 대우는 해외에서 못받고 있는 실정이다. 우리가 졸부를 존경하지 않듯이 아시아의 신흥경제 개발국가인 한국은 경제적인 성과에도 불구하고 세계에서 존경받지 못하고 있다. 그 이유를 우리는 문화적인 측면에서 찾으려고 한다.

프랑스나 독일이 우리의 생활세계, 즉 경제생활에 미국이나 일본에 비해 큰 영향을 미치지 못함에도 이들이 우리에게 익숙한 이유가 무엇인지 생각해보면, 한국문화 알리기의 중요성이 드러나게 되리라 생각한다. 그들의 풍부한 문화적 자산을 우리가 어릴 때부터 익숙하게 경험했기 때문이지 않을까.

따라서 한국의 문화를 알리는 것이 중요함을 알게 되었다. 그렇다면 무엇을, 어떻게 알릴 것인가 고민해봐야 할 것이다. 현재의 문학, 영화 등의 예술을 있는 그대로 전달한다고 했을 때 그들이 얼마나 받아들일 수 있을까? 우리의 전통적인 '느낌'을 가장 간단하면서도, 즉각적으로 전달할 수 있는 방법은 무엇일까 생각해보면서 탈춤을 떠올리게 되었다.

수많은 사진자료를 보면서 탈춤이 충분히 흥미로우며, 다른 동북아시아 국가, 즉 중국이나 일본과는 색다른 우리만의 멋을 보여줄 수 있는 소재라고 결론짓게 되었다.

일본의 전통춤인 가부키, 그리고 중국의 경극과 탈춤은 한눈에 분명히 구분되는 장점이 있다. 그리고 탈의 겉모습이 보는 사람에게 웃음을 자아내게 하는 매력이 있다. 이렇게 탈춤은 우리의 전통을 손쉽게 다른 아시아권의 그것과 구분짓게 해주는 장점을 제공해준다.

우리의 독특한 전통문화를 독일에 소개함으로써 가난해서 노동력을 수출해야만 했던 과거의 한국의 이미지를 탈피하여, 흥미롭고, 깊이있는 문화를 간직한 찾아가보고싶은 나라의 이미지를 만드는 것이 목적이다.

2) 경제, 학문분야에서의 교류에서 문화교류로 전환

독일에 여러 기업들 진출해 있으며, 많은 유학생들도 거주하고 있다. 경제와 학문분야에서 아직 일방적인 측면이 강하기는 하지만 교류가 시도되고 있다.

그러나 문화적인 측면에서는 어떠한가? 보통의 대학생들에게 당장 떠오르는 독일작가만 해도 10명은 되지 않을까? 반면 독일의 대학생이 단 한명의 한국작가의 이름이라도 알고 있을까? 우리가 독일을 자동차와 맥주의 나라로 떠올리는 것과 반대로 그들은 우리를 어떻게 연상할까?

문화적 측면에서 우리는 일방적인 수요자이고, 독일만이 공급자의 역할을 해왔던 것이다. 경제적 측면에서 성장한 만큼, 문화적 측면에서도 그 역량을 키워나가야 할 것이다.

3) 한국의 다양하고 고유한 전통문화를 소개하기

탈출페스티벌에서 보여주는 것이 비단 탈춤뿐만은 아니다. 일단 무대와 시설을 설치하는 것에서부터 그들과 다른 우리만의 멋이 깃든 것을 제공한다. 용과 새 등의 모양을 한 아름다운 연등으로 밤을 밝히고, 솟대와 장승을 입구에 세워 놓으며, 단아한 목축건물을 세우는 것은 그 자체로 우리를 소개하는 것이 될 것이다.

또한 다양한 볼거리, 먹을거리를 통해 우리의 생활세계의 면면을 엿볼 수 있는 기회도 제공하게 될 것이다.

민속과 불교, 유교문화가 어느 하나가 일방적이지 않고 다양성을 보존해 왔다는 평가를 받는 안동의 민속축제를 독일에 소개함으로써 한국의 전통적인 민속과 불교, 유교문화를 간편하게 전달하는 장점도 갖게 될 것이다.[9]

1.3 부차적인 목적

1) 한국에 문화관광을 하러 오는데 기여

독일에서 벌어지는 탈춤페스티벌을 구경한 관람객이 한국의 전통문화에 호기심을 갖고 관광오도록 하는 것이 이 기획의 부수적 목적이다. 즉 주된 목적이 우리를 독일에 알리는 것이라면, 부수적 목적으로 관람객 혹은 페스티벌을 통해 한국문화에 대해 호기심을 갖게 된 독일인 등 유럽인들을 한국에 관광오도록 하자는 것이다.

우리의 전통문화가 관광콘텐츠가 되므로 이를 문화관광이라 하며, 문화관광이라는 말은 이미 통용되고 있는 용어이다.[10] 문화관광의 목적을 도모함으로써 재원에 대한 방책도 세울 수 있게 된다.

지역과 연계하여, 예를 들면 안동시와 함께 하여 재원을 마련하고, 공연을 할 공연예술가와 연결하는 방법 혹은 문화관광부에 지원을 요구하는 방안도 있을 것이다.

2) 문화 관광 자원으로써 전통민속축제의 활성화

전통민속축제를 문화관광자원화함으로써 전통민속축제가 활성화되는

---

9) 문화관광부 홈페이지, 안동국제탈춤페스티벌 소개글
10) 안동시 홈페이지에서는 관광코너가 문화관광과 자연관광 등으로 나누어져 있다.

계기도 마련될 것이리라 예상한다. 현재에도 국내에서 많은 지방의 민속축제는 관광객들을 유치하기 위해 경쟁하고 있다. 더 큰 시장인 해외로 눈을 돌려 장기적인 안목으로 민속축제를 문화관광자원화 한다면 경제적 성과는 물론 공연자의 예술적 수준의 향상도 도모할 수 있으리라 기대한다.

2. 안동국제탈춤 페스티벌 소개[11]

2.1 축제소개

경상북도 안동시에서 매년 10월 개최하는 지역 축제로 연원은 1997년으로부터 시작된다. 행사시기는 매년 10월인데, 이는 해외의 유명한 페스티벌의 경우도 그 시기가 비슷하다고 할 수 있다. 행사장소는 안동 시내 일원(낙동강변 축제장, 하회마을)이며, 주요행사로 여는굿, 탈춤, 마당극, 안동민속축제, 예술제, 맺음굿을 들 수 있다.

2.2 축제의 내용

① 전통문화의 전승과 재현을 통해 문화시민으로서 자긍심을 고취
② 안동지역의 문화와 결합해 한민족의 정신문화를 직접 체험

3. 축제개최 목적[12]

---

11) 안동국제탈춤페스티벌 홈페이지 소개글에서 발췌

3.1 한국전통문화를 편중되지 않고 다양하게 전달

3.2 전통 공연 예술을 통해서 한국인의 문화와 가치관 전달

3.3 외국인에게 쉽게 다가갈 수 있는 소재

3.4 기타

　　5년 연속 한국 최우수 문화관광축제

　　방문객 만족도 1위

　　문화관광부 10대 축제에 꼽힘

　　1999년 영국여왕이 감탄한 가장 한국적인 지역에서 열리는 축제

4. 축제 방향

4.1 기본방향

1) 독일인이 한국의 전통 공연과, 전시물을 보고 느낄 수 있는 관람의 장

2) 독일인이 직접 체험하고 배울 수 있는 체험과 학습의 장

3) 독일의 모든 세대, 다양한 계층이 함께하는 축제의 장

4.2 Concept

한국의 전통문화, 체험과 참여가 펼쳐지는 joyful festival

---

12) 문화관광부, 안동국제탈춤페스티벌 소개글

5. 축제 개요

5.1 명칭- 아리랑 축제

　명칭은 일단 한국을 대표하는 의미를 지녀야 하며, 한국의 축제임이 명확하게 드러날수록 바람직하다고 생각했다. 그러나 막상 한국을 떠올렸을 때 떠오르는 게 무엇인지 정하기 어려웠음을 밝힌다. 따라서 식상하다고도 할 수 있는 '아리랑 축제'로 명칭을 정했다.

　다만, 이 명칭을 사용함으로써 얻을 수 있는 이점도 있는데 그것은 다음과 같다. 첫째 같은 민족인 북한출신 교민들에게 쉽게 다가갈 수 있는 이점이 있다. 그리고 이 점은 우리교민들에게도 당연히 적용되는 사안이다. 둘째 아리랑음악을 자연스레 소개할 수 있는 기회이기도 하다. 즉 특별히 우리의 전통음악을 따로 소개하기 위해 노력해야 하는 것이 아니라 자연스럽게 음악도 소개할 수 있는 것이다. 셋째로 시각적인 측면을 들 수 있다. 의외라고 생각할 여지도 있지만 아리랑 노래가 있으면 노래를 부르는 가수가 필요하다. 전통가를 부르는 가수는 전통의복인 한복을 입어야 할 것이다. 이때 한복의 색상이 곧 우리의 이미지가 될 것이다. 부연 설명하면 우리의 밝고 화려한 공연복장으로써의 한복을 통해 밝고 강렬한 색채이미지를 심어줄 수 있다고 판단된다. 이는 한국과 중국, 그리고 일본의 전통 의상의 색채가 다름에서 이끌어낸 생각이다.

5.2 시기 -10월 초 7일간.

　10월에는 다른 축제가 많이 개최되기 때문에(예를 들면 유명 맥주페스티벌 등등이 있을 것이다.) 이 시기를 피해야 한다는 내부에서의 의견이 있었다.

그러나 그러한 고려는 배제하기로 하였다. 주된 이유는 다른 페스티벌에 참여할 사람들은 그 이후에 또다시 다른 페스티벌에 참여할 것 같지 않았기 때문이다. 오히려 축제분위기가 한창인 때에 축제를 개최해야 그 분위기를 이용해서 새로운 관람객을 유도하는데 유리할 것이라 예상하고 시기를 10월경으로 잡게 되었다.

5.3 장소 - 프랑크푸르트

프랑크푸르트는 우리의 월드컵 본선 첫 번째 경기를 하게 될 도시이다. 본선 개최도시와 그곳에서 경기를 치르는 국가간에는 축구경기 자체로 직접적인 문화교류가 이루어진다. 따라서 월드컵 개최도시는 자연스럽게 그 도시에서 경기를 치른 국가의 문화, 더 나아가서는 감성까지도 이해할 수 있는 기회를 얻게 되며, 반대로 우리의 입장에서는 우리의 문화와 감성을 그들에게 전할 수 있는 기회를 얻게 되는 것이다.

따라서 우리는 안동국제탈춤 페스티벌의 부지를 프랑크푸르트로 정한 것이다. 우리의 선수단, 기자단, 그리고 응원단이 프랑크푸르트에서 성숙하고, 멋진 모습을 보여줌으로써 탈춤페스티벌의 주된 대상이 될 프랑크푸르트 주민에게 좋은 인상을 심어준다면 우리의 '전통문화 독일에 알리기' 기획은 보다 수월하게 수행될 수 있을 것이다. 응원단을 통해 이미 보고, 들은 우리의 악기소리나 옷차림을 통해 이미 한 번 경험한 한국문화는 전혀 새로운 것만은 아닐 것이기 때문이다.

5.4 대상

1) 독일 현지 교민

① 독일에 파견된 간호사와 광부들은 고향을 떠난지 어언 40년이나 지났다. 그렇게 독일에 간 간호사와 광부들이 1만명을 넘는다고 한다. 그들의 2세, 3세의 어머니, 아버지의 나라에 대한 동경과 호기심을 이 페스티벌이 어느 정도 해결해 줄 것이다. 물론 그들 중에는 그러한 그들의 운명을 낳게 한 조국에 대한 원망과 서러움을 가지고 있는 사람들도 상당할 것이다. 그러나 이들을 고국의 손길로 보듬어 주고 같은 민족으로서의 정체성을 갖게 해주는데 효과를 가질 것이다. 이러한 목적은 정부측에서의 지원을 얻는데 유용할 것이라 생각된다.

② 독일은 우리나라에서 미국과 함께 가장 많은 학생들이 유학을 하는 국가이다. 따라서 유학생들도 이번 페스티벌의 중요한 대상이 된다. 특히 프랑크푸르트에는 많은 유학생이 거주한다고 하니 이 점도 중요한 고려사항이었다.

2) 동양문화에 관심을 갖는 독일인

① 과연 동양의 작은 나라의 전통문화에 관심을 갖는 독일인이 있을까? 의문이 드는게 사실이다. 그러나 앞서 살펴본 언론보도에서 보았듯이 아시아권에서 불고 있는 한류에 대한 독일 언론에서의 보도가 있었다고 하며, 2005년에는 '한국의 해'라 하여 대대적인 독일에서의 한국 홍보도 있었다. 특히 휴대폰을 포함한 첨단 전자기기에서 한국업체들의 선전에 힘입어 독일에서 한국에 대한 우호적인 분위기도 없지 않다고 한다. 더군다나 월드컵을 통해 외국의 문화에 대한 다양한 유입이 전보다 더 자유로워지므로 페스티벌 개최의 성공을 기대하게 한다.

② 현재 독일에서 가장 인기있고, 유능한 축구선수인 발락선수의 이야기

를 덧붙여보고자 한다. 독일대표팀이 한국에 왔을 때 그는 여기가 차붐(차범근)의 나라냐고 물으면서, 와보고 싶었다고 했다. 현재 박지성 선수가 영국에서 한국을 알리듯, 또 박찬호 선수가 미국에서 한국을 대표했듯, 독일에서는 차범근이 있는 것이다. 그리고 차범근은 독일에서 그를 귀화시켜 대표팀 공격수로 쓰고 싶어할 정도로 독일인들에게 인정받고, 사랑받은 스타이다. 특히 차범근은 그의 선수생활 중 프랑크푸르트에서 활동했을 때 팀 역사상 최초로 팀을 UEFA컵 정상에 올려놓음으로써 프랑크푸르트에서 하나의 아이콘으로 남아있는 인물이다.

이렇게 장황하게 축구이야기를 한 것은 그것을 페스티벌 홍보에 적극 이용하자는 취지에서이다. 그들이 한국에 대해 아는 것이 '차붐'밖에 없다면, '차붐'을 통해 그들에게 다가가는 것이 보다 쉬운 방법일 것이다.

6. 축제 세부기획안

6.1 기획목표와 의의

한국의 전통 문화를 독일에 축제 형식으로 소개하는 방법을 기획해 보았다. 한국이 독일에 대해서 자세히 모르는 것처럼, 독일 또한 한국의 문화와 그 가치관에 대해서 단편적이고 얕은 지식을 가지고 있다. 이런 상황에서 한국의 문화를, 그것도 독일인이 전혀 접해 보지 못했을 한국의 전통 문화를 소개한다는 것은 많은 어려움이 있을 것이다.

그러나 과거, 광부와 간호사를 수출하고, 분단국가 정도로만 인식되던 한국에 대한 이미지를 긍정적으로 바꾸기 위해서는 현재의 경제적, 정치적 교류뿐만 아니라 민간차원에서의 문화적 교류도 함께 이루어져야 한다.

여기서 기획하는 축제 또한 이런 민간차원에서의 문화적 교류의 한 방법으로, 한국 전통 문화의 다양한 콘텐츠를 소개하여 한국의 문화와 가치관을 알리는 것이 그 목표이다. 그동안 한국은 88올림픽과 2002 월드컵 개최, 놀라운 경제성장을 이루어 세계적으로 인지도를 넓혀 갔고, 현재 독일도 자국에서 월드컵에 개최되어 그 출전국에 대한 관심이 높아져 있기 때문에 한국의 전통 문화 축제가 관심을 끌 수 있을 것이다.

이 축제는 그동안 독일인이 가지고 있던 중국, 일본 중심의 아시아에 대한 시각을 '한국'으로 넓히는 기회가 될 것이며, 이 축제를 발판 삼아 더 대등하고 발전된 한 · 독 교류가 가능할 것이다.

6.2 공연내용

1) 공연프로그램

① 여는 굿과 맺음 굿

- 굿의 특징[13)

굿은 한국의 전통적인 무속 의식으로 무당을 중심으로 행해지며 성공과 건강, 부를 기원한다. 굿에는 동양적인 우주적 신관이 반영되어 있는데, 이것은 인간이 자신을 낮추고, 우주 만물의 신령한 기운을 정성스럽게 섬기면 모든 일이 잘 풀린다는 것이다. 그러므로 신앙의 대상이 우주와 자연, 모든 생활공간 등 무한하게 분포되어 있다.

그리고 굿의 진행자인 무당은 화려한 색상의 한복을 입고, 부채나 칼 등 무구(巫具)를 이용하여 춤을 추고 노래를 부른다. 게다가 익살스러운 재담을 보여주기도 하기도 한다. 이렇듯 굿은 한국 문화의 다양한 면을

---

13) 위쪽 사진 : encyber.com

 보여줄 수 있는 종
합적 예술이다.

이러한 굿은 독일
어 문화권, 더 나아
가 유럽에서는 볼
수 없는 특이한 종
교관과 종교행사를
보여줄 수 있다. 독
일인의 대부분은 기
독교인으로, 하나님
을 유일신으로 믿고 있다. 또한 사육제(Fastnacht), 부활절 달걀의 풍습, 부
활절 토끼의 풍습, 대강절(Advent), 성탄절의 기독교 행사와 풍습이 있다.
우리가 다른 나라의 종교의식을 보고 흥미를 느끼는 것처럼, 한국의 굿과
그 우주관도 독일인들에게 특이하다는 인상과 역동적인 이미지를 줄 수
있을 것이다.

- 공연계획

여는 굿과 맺음 굿은 각각 축제의 개막식과 폐막식 때 공연하는 프로그
램이다. 여는 굿은 축제의 성공을, 맺음 굿은 축제의 관람객들에게 감사하
의 마음을 전하고 그들의 성공과 건강을 비는 의미로 공연한다.

굿의 제전은 공연 무대가 넓기 때문에 크게 제작하도록 하며, 화려한
색상의 깃발과 그림으로 장식하도록 한다. 이 굿은 특별한 신을 모시는
것이 아니라 축제를 위한 것이기 때문에, 장군, 선녀, 옥황상제, 동자 등
다양하고 강렬한 인상을 주는 그림을 걸어둔다.

그 이외에 한 사람의 무당이 아닌 여러 명의 무당을 등장 시키고, 화려한

옷과, 부채, 신칼, 방울, 오색기로 강렬한 인상을 줄 것이다. 이때 작두타기의 위험한 의식은 제외 할 것이다. 이것은 독일인들에게 충격을 주어, 한국 문화에 대한 거부감을 일으킬 수 있기 때문이다. 그 보다는 다양한 춤과, 음악을 강조할 것이다.

② 탈춤

• 탈춤의 특징

한국의 탈춤은 간단히 말하여 탈놀이로, 탈을 쓰고 춤을 추며 말과 노래로 엮어가는 놀이적인 연극이다. 현재 전승되고 있는 탈춤으로는 송파산대놀이, 양주 별산대놀이, 봉산탈춤, 강령탈춤, 은율탈춤, 동래들놀음, 수영들놀음, 고성오광대, 통영오광대, 하회별신굿탈놀이, 북청사자놀음, 제주 입춘굿 등 여러 가지가 있다. 이들의 대부분은 1960년대 이후 중요 무형 문화재로 지정되었다.

각 지역의 탈춤은 의식무, 파계승에 대한 풍자, 양반에 대한 모욕, 처첩의 갈등에 의한 가정비극 등을 주요 제재로 삼고 있으며, 그 이외에 서민생활의 곤궁한 모습 등을 담아내고 있다. 즉 관념적 허위와 신분적 특권, 남자의 횡포에 대한 비판이라는 공통적인 주제를 가지고 있다. 탈춤의 이러한 몇 가지 주제는 현실에 대한 비판의식이라는 공통점을 지닌다. 이러한 공통점은 탈춤의 주제에 따라 다양하게 나타난다.

그리고 탈춤의 가장 큰 특징으로 놀이꾼과 구경꾼이 함께 판을 만든다는 점이 있다. 이것은 극의 상황을 중심으로 하는 독일의 연극과는 다른 점이며, 오늘날의 상황 극처럼 동참을 중시한다. 그러므로 현장의 즉흥성과 가변적인 창의성이 탈춤 표현의 핵심이 된다.

• 탈춤의 가능성

축제 기간 동안 가면을 쓰고 즐기는 문화는 한국의 탈춤뿐만 아니라 독일의 축제와 오페라에서도 나타난다. 이 부분에서는 독일에 존재하는 가면 문화에 대해서 소개하여 탈춤이 독일에서도 흥미를 끌 수 있는 문화임을 설명하겠다.

먼저 독일의 전통 가면 풍속은 전통적으로 신년제, 사육제, 성 마틴제, 성 니콜라우스제, 성령강림절, 성탄절과 결혼식, 장례식 등에서 사용되어 왔으며, 오늘날의 행사, 축제에서도 전승되고 있다. 마인츠 사육제(Die Mainzer Fastnacht), 두이스부르크 카니발(Duisburger Karneval), 쾰른 축제(Kölner Karneval), 뉘른베르크 사육제 (Nürnberger Schembartlauf), 뮌헨 사육제(Müchener fasching), 필링엔 사육제(VIllinger Fasnet), 엘자후 사육제(Elsach Fasnet), 프리딩 사육제(Fridinger Fasnet), 자르벨링엔 사육제(Saarwelinger Fastnacht)*등이 그 대표적인 예이다.

이 축제에서는 모두 지역마다 다른 연희 방식와 내용으로 가장행렬을 즐긴다. 특히 쾰른 축제에서는 가면을 통해 정치나 사회, 현실을 풍자하는 것으로 유명하다.

그 외에 독일에는 가면무도회라는 문화가 있었다. 이것은 가면을 쓰고 얼굴을 드러내지 않은 상태에서 춤을 추고 즐기는 것이다. 베르디의 유명한 오피라인 "가면무도회(Un Ballo in Maschera)" 또한 이런 독일의 문화를 잘 대변해 준다고 하겠다.

위와 같이 독일도 풍부한 가면 문화를 가지고 있고, 관심도 많다. 이런 측면에서 보면 한국의 탈문화인 탈춤이 독일에서도 가능성이 있을 것이다.

● 공연 계획

탈춤 공연에서는 하회탈 놀이, 봉산탈춤, 은율탈춤, 송파산대놀이, 북청사자놀음, 남사당놀이 같이 전통적인 탈춤과, 현대적인 내용의 창작탈춤을 공연할 것이다.

먼저 전통적인 탈춤의 경우, 탈춤의 내용과 등장인물을 독일인들에게 설명해 주어서 내용을 몰라서 겪을 수 있는 불편함을 줄이도록 한다. 이때 내용 설명은 줄거리 정도만 알 수 있도록 간단히 한다. 탈춤의 내용을 하나하나 알려주기는 어렵고, 또 외국인들에게는 내용을 이해하는 것보다 한국적인 이미지를 파악하는 것이 더 기억에 남기 때문이다. 그러므로 탈춤 공연도 내용적인 측면보다는 탈과 춤, 음악을 강조 할 것이다. 무대 또한 한국에서 공연하는 경우보다 배경장치와 소도구에 신경을 쓰도록 한다.

그리고 독일인들에게 익숙한 문학작품을 창작탈춤으로 만들어서 그들이 탈춤 문화를 쉽게 받아들일 수 있도록 할 것이다. 1)탈춤의 특징에서 설명한 바와 같이 한국의 탈춤은 파계승, 양반, 처첩 등 유교와 불교문화의 모순을 큰 중심화제로 삼고 있다. 이런 소재들은 독일인들에게 생소한 것들이다. 그러므로 창작탈춤에서는 막스 뮐러의 '독일인의 사랑'을 공연하려 한다.

'왕과 나'라는 영화에서 태국인들이 영국대사에게 "톰 아저씨의 오두막"을 태국식으로 각색하여 공연하는 장면이 나온다. 태국 전통 의상을 입고 인형같이 움직이는 배우들, 재미있는 소품과 찰랑거리는 태국 음악들이 독특한 느낌을 준다. 또 잘 알려져 있는 작품을 각색했기 때문에 내용이해에도 도움이 되었다.

이와 같이 이 축제에서도 '독일인의 사랑'을 각색해서 독일인들이 잘 알고 있는 문학 작품의 새로운 표현 방식을 보여줄 것이다. 등장인물에 따라 각각 탈을 만들고, 한국적인 배경 무대를 설치할 것이다. 또한 장구, 꽹과리, 가야금, 북 등을 이용해서 배경음악을 만들고, 과장된 춤을 보여 주려 한다.

③ 한국의 전통 춤14)

　한국의 전통춤은 궁중춤, 의식춤, 민속 춤 등 여러 분야의 춤을 소개 할 수 있다. 먼저 궁중춤 중에서는 검무와 화역학대무를 공연하여 왕실의 위엄과 화려한 볼거리 제공할 것이다. 의식춤에서는 불교에서 추었던 승무를 공연하여 한국의 정적인 아름다움을 보여주고, 한국의 대표적인 행사에 거의 빠지지 않는 부채춤으로 화려한 곡선의 미(美)를 보여주려 한다.

　이런 춤들 이외에 전통춤을 현대적으로 재해석한 신무용도 춤 공연 프로그램에 넣을 것이다. 신무용은 현대적이면서도 전통적인 한국의 춤을 보여주기 때문에, 한국의 전통 춤을 낯설지 않는 표현 방법으로 전달 할 수 있다. 2005년 신무용 공연이 독일에서 성황리에 열렸던 사례도 있어, 신무용이 축제에서 독일인의 호응을 얻을 가능성 또한 높다고 할 수 있다.

　2005년 안애순 무용단이 베를린 '세계 문화의 집'에서 한국 전통 춤사위

14) 위쪽 그림 : 안애순 무용단의 <11번째 그림자> 공연 모습
(http://www.hani.co.kr/arti/culture/music/67476.html 　참고)

를 현대무용에 접목시킨 '열한번째 그림자'와 '원'을 공연한 당시, 독일인의 많은 관심을 받았다고 한다. 이 공연에서 한국 전통 춤사위를 끌어들인 움직임과 불교 음악이 만들어낸 기이한 분위기는 독일 관객들에게 큰 인상을 남겼다. 관광객들은 "유럽에서는 볼 수 없는 동작과 의상이 매우 새롭고 신선했다"며 "한국 전통과 현대를 동시에 볼 수 있어서 좋았다"고 평했다.

④ 풍물

독일은 음악의 나라라고 할 정도로, 고전 음악에서부터 현대 음악에 이르기까지 음악의 종류가 다양하고 수준이 높다. 그렇기 때문에 음악에 대한 독일인의 관심은 남다르다고 할 수 있을 것이다. 이런 독일인들에게 그들이 평소에 듣기 어려운 동양의 음악, 그 중에서도 한국의 음악들 들려주는 것은 독일인들에게 색다른 경험이 될 것이다. 한국 음악에 대한 반응도 긍정적이다.

지난해 독일은 2005년을 '한국의 해'로 정하고, 한국 영화·한국 문화 순회 전 등 다양한 한국 관련 문화 행사를 개최했는데, 남부 독일인 슈투트가르트에 있는 린덴 박물관에서는 '한국 소리의 세계'란 주제로 한국의 전통 음악을 소개하는 특별한 자리가 있었다. 300여명의 독일 관중이 참여에 뜨거운 관심을 나타낸 이 행사에서는 판소리, 가야금 독주, 대금산조, 사물놀이, 승무, 태평무 등의 다양한 한국 전통 음악과 춤을 선보였다 한다. 공연을 본 독일인들은 "아시아의 전통 음악은 이해하기 힘든 음악일 거라는 고정관념을 깨는 계기가 되었다"며 "한국 음악이 상당히 하모니에 강하다는 느낌을 받았다"고 극찬을 하였다. 이와 같이 한국의 전통 음악은 독일인들의 흥미를 얻을 수 있을 것이다.

이 축제에서는 한국의 전통 음악 중 농악, 즉 풍물을 공연할 것이다. 풍물은 농촌에서 집단 노동을 할 때나 명절 때 흥을 돋우기 위해서 연주하였던 음악이다. 이 음악은 김매기, 모심기 등의 힘든 일을 할 때 일의 능률을 올리고 피로를 덜어주며, 더 나아가 협동심을 불러일으켰다. 지금은 각종 명절과 동제, 굿 같은 의식에서 빼놓을 수 없는 중요한 요소가 되었다.

이러한 풍물의 장점은 사람들에게 신명을 준다는 것이다. 궁중 음악과 양반음악은 박자가 느리고 음정이 단순해서 지루함을 줄 수도 있지만, 풍물은 외국인들도 그 흥을 즐길 수 있다. 장구, 북, 징, 태평소의 농악가락과 상모돌리기, 장구춤 등 연주자의 다양한 기교 또한 관람객을 농악에 빠져들게 하는 매력물이다.

풍물은 그 신명으로 독일인들에게 "Dynamic Korea"를 느끼게 하고, 한국의 전통 악기도 보여 줄 수 있는 기회가 될 것이다.

2) 전시 프로그램

① 탈 전시회

독일을 비롯한 유럽에서는 가면에 대한 연구를 통해 그동안 많은 성과를 이루어 왔다. 여러 가지 방법으로 접근하여 가면을 비교, 분석 하였을 뿐만 아니라 가면 자체를 하나의 문화로 인정하고 가면을 이용한 많은 축제들이 끊임없이 이어지고 있다.

독일의 가면은 분장가면(Schminkenmasken)과 쓰기가면(Tragenmasken)으로 크게 나눌 수 있다. 분장가면은 가장 간단한 경우로, 피부에 밀가루나 흑색안료를 미리 바른 뒤에 하얗게 또는 까맣게 덧칠해서 그것을 바른 사람을 매우 낯설게 만드는 것이다. 다른 한편으로 쓰기가면은 다양한 재료로 만들어지며 얼굴의 일부분 또는 전체를 덮음으로써 완전히 알아보지 못하게 만든다. 이 가면들은 크게 동물의 형상과 인간의 형상을 나타내는

데, 동물가면은 살아 있는 모든 것이 될 수 있으며 당나귀, 곰, 들쥐, 토끼, 고양이, 염소 그리고 그 밖에 여러 동물의 형상을 사용하였다. 인간의 형상을 이용한 탈로는 웃는 모습의 '반질반질한 가면(Glattlarve)'가 있다. 이 탈은 오늘날에 주로 '나르(Narr)', '나로(Narro)', '한젤(Hansel)'이라고도 명명된다. 이와 같이 독일은 다양한 전통 가면을 많이 가지고 있다. 축제에서도 가면을 쓰고, 장식품이나 패션같이 다양한 분야에서 탈이 쓰여 지고 있는 만큼, 한국의 탈은 독일인에게 익숙하면서도, 차별화되는 볼거리를 보여 줄 것이다.

이 전시회에서 보여 줄 수 있는 한국 전통 탈은 여러 가지로, 쓰임새와 기능에 따라서 크게 신앙탈과 예능탈을 나눌 수 있다. 신앙 가면이란 제의에서 쓰였던 종교적인 탈로, 신성탈(Moly Mask), 벽사탈(Demon Mask), 영혼탈(Spiritual Mask), 기우탈(Rain Making Mask) 등이 있고, 그 밖에 죽은 사람을 본떠서 만든 추억탈(Memorial Mask), 토템숭배에서 나타나는 토템탈(Totem Mask)이 있다. 실제로 광대씨 가면, 창귀씨 가면, 소미씨 가면, 놋도리 가면, 장군 가면 등 여러 신앙가면을 사용하였다. 그밖에는 오락성을 띠면서 생겨난 예능탈이 있는데, 춤탈과 연극탈로 분류 할 수 있다. 춤탈로는 처용탈이 있으며 연극탈로는 산대탈, 해서탈, 오광대탈 등이 있다.[15)]

독일과 다르게 한국은 분장 가면보다 쓰기 가면이 압도적으로 많다. 탈의 모습도 독일보다 더 과장되어 코가 삐딱하거나 눈꼬리는 사납게 찢어져 있으며 입이 삐뚤어 졌다. 얼굴 각 부위의 비례가 맞지 않은 탈이 대부분이다. 즉 한국의 전통 탈은 대부분 우스꽝스러운 모습을 하고 있다. 이러한 한국 탈을 통해서 독일인들은 새로운 탈문화를 경험할 수 있다.

---

15) 위쪽 사진 : 양주별산대놀이탈 (http://blog.naver.com/ararikim 참고)

독일인들의 호기심을 끌 수 있도록 많은 볼거리를 제공하고, 진행 요원을 통해 탈에 대해 설명하도록 한다.

② 한국화, 한국의 도자기 전시회

• 한국화

한국화의 종류는 먹의 농담으로 그린 수묵화와 채색 위주의 진채화가 있으며 그 소재에 따라 사군자, 문인화, 풍속화, 산수화, 인물화, 화조도, 화훼화, 초충도, 영모도, 어해화 등 여러 가지고 나눌 수 있다. 이러한 한국화는 서양화와 달리 정신적인 표현을 중시하여 선과 여백의 미를 강조한다.

• 한국의 도자기

한국의 도자기도 여러 종류가 있어 시대에 따라서 고려자기, 조선의 분청사기, 청화 백자가 있다. 고려자기에는 청자, 백자, 철유자, 흑유자 등이 있는데 이 가운에 맑게 갠 푸른 하늘을 생각나게 하는 청자는 다른 자기보다 많이 제작 되었고 질적으로도 뛰어나다. 오늘날, 세계 미술 시장에서 고려청자가 가장 높은 가격에 경매되고 있는 것만 보아도 고려자기의 예술적 진가를 알 수 있다. 분청사기는 힘이 넘치는 단순하고 소박한 모습을 가지고 있다. 백자는 순백자, 상감백자, 철화백자, 청화 백자, 동화 백자 등이 있으며 은은한 맛과 멋을 가지고 있다.

- 한국화와 한국의 도자기가 독일에서 소개된 사례

지난 2005년 독일 프랑크푸르트 마인 강변의 시립 공예 박물관에서 '조선 불교 회 화전'과 '조선 백자전'이 열린 사례가 있다. 이 전시회는 불교 회화 전시실의 어둑어둑한 분위기와 백자 전시실의 밝고 깨끗한 분위기가 대조를 이루며 독일인 관람객을 사로잡았다. 관람객들은 "전통과 현대가 깨끗한 이미지 속에 어우러진 느낌"이라며 "백색의 단순함이 오히려 모던한 현대 감각을 보여주는 것 같다"고 평가 했다.

이 사례를 통해서 색과 선을 이용한 미감(美感)을 보여주는 한국화와 도자기가 독일인의 흥미를 끌 가능성이 있다고 생각하였다.

③ 한복 전시회

한국과 독일은 복식 문화에 있어서도 큰 차이가 난다. 독일의 전통적인 옷은 남성용인 레더호젠(Lederhosen)과 여성용 전통의상인 드린딜(Drindl) 이 있다. 레더호젠은 주로 검정(Schwarz), 갈색(Braun), 회색(Grau), 올리브 (Olive)계열들이 대부분이며 짧은 반바지 형과 긴 형태의 바지가 있다. 그 외에 트랭거(Träger)를 상의에 걸친다. 이 트랭거도 지역에 따라 서로 다른 무늬를 사용하며, 자수를 놓은 것과 가죽에 압착을 가해서 모양을 낸 것들 이 있다. 여성용 의상인 드린딜은 옷감의 무늬나 색상이 다양하지만 보통 면을 소재로 하여 제작한 천을 사용한다. 앞치마가 있는 것이 특징이다.

한국의 전통 옷인 한복(韓服)은 용도에 따라서 의례복, 일상복, 노동복이 있다. 한복은 직선과 곡선의 조화가 기본을 이루어, 선의 아름다움을 보여준다. 또 원색의 정직하고 화려한 색상을 이용하는 특징이 있다. 이 전시회에서는 한복을 통해 독일인이 새로운 복식 문화를 알고, 한복의 아름다움에 대해서 감탄하도록 할 것이다.

전체적으로 한국 전통 건물 내에 와 있다는 느낌을 가질 수 있도록, 전시회의 무대는 왕의 처소나, 양반의 방같이 꾸밀 것이다. 이 무대에 각계각층이 입었던 다양한 한복을 보여주도록 한다. 그 이외에 한복의 재료, 한복 만드는 방법, 한복 입는 방법도 설명할 것이다.

④ 한국 전통 악기 전시회

악기 전시회에서는 한국의 현악기, 관악기, 타악기 등 다양한 악기를 소개하도록 한다. 현악기는 가야금, 거문고, 아쟁, 해금, 월금, 양금, 향비파, 당비파, 와공후, 수공후, 소공후 등을 전시하고, 관악기로는 대금, 중금, 소금, 당피리, 향피리, 세피리, 단소, 태평소, 나각, 생황을 전시하도록 한다. 그 이외에 타악기에는 장구, 박, 징, 꽹과리, 편종, 편경, 좌고, 용고, 풍물북, 방향 등 여러 악기를 포함 할 것이다.

이 전시회에서는 여러 종류의 한국 악기를 전시하여 서양의 현악기, 관악기, 타악기와는 다른 한국의 독특한 악기를 소개하도록 한다. 그리고 한국 악기 연주 방법에 대한 이해를 돕기 위해 전시장 내에서 악기를 연주하는 모습을 보여 줄 것 이다.

3) 참여 프로그램

① 탈 꾸미기

독일의 가면은 재료, 쓰임새면에서 많은 변화를 겪고 있다. 모습과 형태가 변하고, 다른 얼굴로 재생산 되어 지고 있는 것이다. 독일인들이 여러 형태와 모습의 가면을 추구하는 상황에서 한국의 전통 탈은 그 변화의 방향에 대한 새로운 아이디어를 줄 수 있다.

한국의 전통 탈은 독일의 탈과 다르게 타원형, 원형, 장방형, 역사다리꼴형, 역삼각형 등 형태가 여러 가지이다. 게다가 하회탈의 경우는 턱이 분리되어 있어서 웃는 표정과 화난 표정을 만들 수도 있다. 색상의 경우에도 대체로 붉은색, 검은색, 흰색, 푸른 남색 등 원색을 사용하여 강렬한 색체를 나타낸다. 재료도 종이와 나무 등 독일과는 차별되는 특징을 가지고 있다. 이런 특징을 독일인들이 직접 체험할 수 있도록 한 프로그램이 바로 이 탈 꾸미기 프로그램이다. 이 프로그램을 통해 독일인은 새로운 탈에 대한 가능성을 시험해 볼 수도 있고, 한국의 전통 탈문화를 실감나게 체험할 수 있을 것이다.

프로그램을 진행할 때는 독일인들에게 아무 장식이 없는 탈의 모형을 다양하게 제공하고, 그 중 그들이 원하는 탈을 선택해서 꾸며볼 수 있도록 한다. 꾸미는 방법은 참여하는 사람에 따라 유동적이고 다양하다. 가면에 장식물을 붙이고, 형형색색으로 색을 입힐 수도 있다.

② 페이스페인팅

페이스페인팅은 주로 어린이나 청소년 같은 젊은 남녀에게 인기가 좋으며, 각종 파티나 할로윈 축제 등 특별한 날에 페이스페인팅을 한다. 페이스페인팅은 국내외 축제에서 여러 가지 모습으로 나타나는데, 다양한 문양과 색으로 얼굴이나 몸의 일부분을 꾸민 모습은 그 당사자뿐만 아니라 보는 사람에게 까지 즐거움을 주며, 관람객에게 축제의 한 마당에 와있다는 현장감을 준다. 또한 페이스페인팅은 그리는 시간이 짧아서 많은 관람객들에게 제공할 수 있다는 장점이 있다.

독일도 많은 축제를 즐기는 나라로, 축제 기간 동안 관람객들은 얼굴이나 몸의 일부분을 꾸민다. 그러므로 전통 탈춤 축제에서도 독일인들에게 페이스 페인팅을 제공하면 많은 사람들이 참여할 것으로 생각된다.

페인팅 디자인은 축제의 내용과 목표에 따라 유동적으로 바뀔 수 있는 것이다. 그러므로 축제의 취지에 맞게 탈춤, 한국의 전통 문양, 도깨비, 한글, 한자, 무궁화 등 한국적인 디자인을 제공하도록 한다. 또한 만화 캐릭터나 독일의 축제에서 사용하는 페인팅 디자인을 제공하여 선택의 폭을 넓힐 것이다. 16)

③ 한국 전통 음식 만들기

음식은 각 나라의 특성을 반영한다. 즉, 환경, 문화교류, 종교, 풍습 등에 의해서 음식의 재료, 조리 방법, 맛이 다양하게 변한다. 그러므로 한 나라를 이해하기 위해서는 그 나라의 음식 문화에 대해서 알아야 하는 법이다.

독일과 한국의 음식도 재료와 조리방법에 있어서 확연한 차이를 보인다. 독일의 음식은 이탈리아, 프랑스에 비해 화려함이 적고, 조리 방법이 간단하다. 주식은 빵, 고기, 소시지이고, 그 중 소시지는 1500여 가지가 있을 정도로 다양하며 석쇠에 굽거나 삶아서 먹는다. 그에 비해 한국의 음식 문화는 정성과 손맛을 강조하여 재료와 조리 방법이 다양하다. 또한 주식인 쌀을 중심으로 해서 김치, 불고기, 갈비, 신선로, 수정과, 고추장, 된장, 떡 등 다양한 음식을 발전시켜 왔다. 이 축제에서는 한국에 대한 이해를 높이기 위해 독일인들이 한국의 전통 음식을 직접 만들어 볼 수 있는 프로

---

16) 위쪽 사진 : http://blog.naver.com/okokglgl

그램을 넣었다.

한국 전통 음식 만들기 프로그램에서는 위와 같은 독일과 한국의 음식 문화의 차이점을 독일인들에게 설명하고, 비교적 조리법이 간단하고 그들의 입맛에 맞는 음식을 만들도록 할 것이다.

먼저 한국의 대표적인 음식인 김치 만들기를 소개하려고 한다. 김치는 발효 음식으로 건강에도 좋기 때문에 독일인에게 추천할 수 있는 대표적인 웰빙 음식이다. 그러나 보통 김치는 고추, 마늘 같은 자극적인 재료를 써서 맵고 짜기 때문에 독일인들의 입맛에는 맞지 않다. 그러므로 그들의 거부감을 줄일 수 있도록 백김치를 소개할 것이다. 독일에도 백김치와 비슷한 '자우어 크라우트(Sauer Kraut)'라는 양배추 절임 요리가 있기 때문에 독일인들이 더욱 친숙하게 느낄 수 있을 것이다.

그 이외에 불고기를 소개하려고 한다. 불고기는 외국인들이 좋아하는 대표적인 한국 음식으로, 달고 부드러운 맛으로 독일인의 입맛에도 맞을 것이라 생각 한다.

마지막으로 독일들에게 떡을 소개할 것이다. 떡은 쌀로 만드는 음식으로 그 안에 들어가는 재료와, 만드는 방법에 따라 맛과 모양이 천차만별이다.

그러므로 독일인들이 정형화된 방법에서 벗어나, 다양한 방법으로 자유롭게 한국 음식을 만들어 볼 수 있을 것이다. 위의 사진같이 떡으로 케이크를 만드는 방법이 그 좋은 예이다. 이 경우 독일인들도 한국의 떡에 쉽게 다가갈 수 있을 것이다. 17)

게다가 요즘에는 전자레인지로 떡 만들기 같이 짧은 시간 안에 간단히 만들 수 있는 방법이 고안되고 있기 때문에 독일인들이 어려워하지 않을 수도 있다.

---

17) 위쪽 사진 : 떡으로 만든 케익 (http://blog.naver.com/kicher85/3566633 참고)

④ 한국 전통 문화 체험

한국은 전통적으로 유교를 행동과 가치관의 기준으로 삼아 왔다. 그 결과 같은 유교권인 중국과 일본과는 다른 고유의 문화를 발전 시켰다. 그 동안 독일에서 인지도가 있었던 동양 문화가 중국과 일본 문화이니 만큼 한국의 고유한 전통 문화는 독일인들에게 새로운 동양 문화 체험을 가능하게 할 것이다. 이 프로그램에서는 한국의 전통 문화 중 차(茶)문화, 서예 문화를 체험하도록 할 것이다.

차(茶)문화 체험을 프로그램에 넣은 이유는 독일에서 차(茶)가 하나의 문화로 인식되고 있고, 일본의 전통 차 문화가 독일에서 큰 호응을 얻은 바가 있기 때문이다. 우리의 차 문화 또한 일본에 뒤지지 않는, 고유한 미(美)와 우수성을 가지고 있다. 그러므로 한국의 차(茶)문화 체험 프로그램이 독일인의 관심을 받을 수 있을 것이라고 생각했다. 이 프로그램에서는 상보(床補)접기에서 찻잔예열, 예열물 버리기, 찻잔 권하기, 차 마시는 법, 찻잔 물리기, 상보 덮기까지 차를 만들고 마시는 예절을 체험할 수 있도록 할 것이다. 차는 녹차, 황차, 자하차, 누룩차, 엽차, 단차 등 다양하게 제공하도록 하고, 다기는 유럽, 중국, 일본과는 다른 한국적인 다기를 사용할 것이다.

서예 문화 체험 프로그램에서는 독일인이 직접 붓으로 화선지에 한글을 써보도록 할 것이다. 서예 문화는 한국, 중국, 일본이 공유하고 있는 문화로, 언뜻 보면 비슷하게 보일 수 있지만, 한국의 한글 서예는 높은 수준의 도형미를 가지고 있다. 게다가 한자의 경우 획과 점이 많아서 쓰기 어렵지만, 한글을 그에 비해 간단하여 쓰기 쉽다는 장점도 가지고 있다.

⑤ 한국 전통 놀이 체험

독일에서는 한국보다 놀이 문화가 크게 활성화되어 있어서, 집에서 시간이 나면 가족과 함께 둘러앉아서 카드, 퍼즐 등의 다양한 놀이를 즐긴다. 또한 유치원에서도 아이가 주도하는 놀이를 통해서 어린이들에게 건강한 활동과 정서적 안정을 제공한다. 이렇듯 독일인들은 놀이를 좋아한다. 그러므로 한국 전통 놀이를 체험 할 수 있는 프로그램은 그들의 호응을 끌수 있을 것이다.

이 프로그램에서는 복잡한 도구 없이 간단히 즐길 수 있는 놀이들을 소개 하려고 한다. 놀이의 예로는 윷놀이, 투호놀이, 닭싸움, 제기차이, 공기놀이, 딱지치기, 연날리기, 팽이치기 같은 것들이 있다. 놀이의 진행 방법을 독일어로 소개하여 독일인들이 한국의 민속놀이를 쉽게 체험할 수 있도록 한다.

⑥ 장승 만들기

장승은 우리 민족의 대표적인 민속 예술품 중 하나로, 마을의 이정표나 수호신 역할을 하였다. 장승은 대부분 그 형상이 괴의하고 익살스러운데, 눈을 부라리고 이빨을 드러내 놓고 징그럽게 인상을 찌푸리고 있다. 이것은 마을을 침범하려는 귀신을 쫓아 버리려는 주술 적인 의미를 담고 있다.

이 축제에서 장승을 만드는 것 또한 나쁜 기운을 없애기 위한 의미를 가지고 있다. 또한 독일인들은 이 프로그램을 통해서 한국의 전통적인 샤머니즘 문화를 체험할 수 있다.

장승을 만들 수 있는 방법은 두 가지로, 대형 장승과 미니 장승의 경우로 나눌 것이다. 대형 장승의 경우 독일인들에게 꾸미지 않은 장승의 모형을 제공하고, 그들이 직접 꾸미도록 하는 것이다. 장식품을 붙이고, 색을 칠하는 갖가지의 참여를 통해 하나의 완성된 장승을 만들 수 있다. 여기서 중요한 것은 축제 관람객의 공동, 협동 작업을 통해 축제를 기념할 수 있는 조형물을 직접 만든다는 것이다. 이 과정을 통해 독일인 관람객들은 뿌듯함을 느낄 수 있을 것이다. 완성된 장승은 축제 입구나, 길옆에 세워서 더욱 한국적인 느낌이 나도록 할 것이다.[18]

미니 장승은 협동 작업이 아니라 개인 작업을 통해 직접 장승을 완성하는 경우이다. 장승을 만들 수 있는 재료는 매우 다양하여, 꼭 소나무뿐만 아니라, 양초, 캔, 요구르트 통, 지점토 등을 이용할 수 있다. 여러 가지 재료로 장승의 틀을 만든 후에 참여자가 원하는 방법으로 꾸밀 수 있는

18) 위쪽 그림: 왼쪽부터 각각, 호일 심, 캔, 양초, 요구르트 통으로 만든 미니 장승

것이다. 이때 장승을 꼭 한국적으로 꾸밀 필요는 없다. 이렇게 장승을 만들어서 개인적으로는 기념할 수 있는 경험이 될 것이며, 완성된 장승을 가정에서 장식용으로도 활용할 수 있기 때문에 일석이조의 효과를 낼 것이다.

독일 3)
오페라 "춘향전" 독일 마케팅

1. 독일 오페라의 현황

1.1 OPERA란 무엇인가?

Opera는 음악을 중심으로 한 무대 종합 예술을 의미한다. 그러나 오페라
는 그저 음악극을 말하는 것이 아니다. 그런 음악극 중에서도 16세기 말에
이탈리아에서 일어난 음악극의 흐름을 따른 것, 그리고 그 작품의 전체가
작곡되어진 다시 말해 모든 가사가 노래로 표현되는 것을 Opera라고 한다.

이런 Opera에는 굉장히 많은 종류가 있다. 우리가 잘 아는 오페라로는
Ruggiero Reoncavallo (1858.3.8~1919.8.9 이탈리아)의 Pagliacci(팔리아
치), Wolfgang Amadeus Mozart(1756.1.27~1791.12.5 오스트리아)의 Don
Giovani(돈 죠바니), Die Zauberflote(마술피리), Cosi Fan Tutte(여자는 다
그래), Gaetano Donizetti(1797~1848)의 Lucia Di Lammermoor(람메르무
어의 루치아), La fille au regiment(연대의 아가씨), Don Pasquale(돈 파스
콸레), L'Elisir d'amor(사랑의 묘약),

Wilhelm Richard Wagner(1813.5.22~1883.2.13 독일)의 Tannhäuser(탄호
이저), Der Ring des Nibelungen(니벨룽의 반지), Giuseppe Verdi(1831 ~
1901 이탈리아)의 Rigoletto(리골렛또), Un ballo in maschera(가면무도회),
Simon Boccanegra(시몬 보카네그라), Aida(아이다), Ernani(에르나니), La

forza del Destino(운명의 힘), Otello(오텔로), La Traviata(라 트라비아타), Il trovatore(일 트로바토레), Giacomo Puccini(1858~1924 이탈리아)의 Gianni Schicchi(쟌니 스키키), La Boheme(라보엠), Madam Butterfly(나비 부인), Turandot(투란도트), Tosca(토스카), R. Strauss(1864~1949 독일)의 Die Fledermaus(박쥐) 등이 있겠다.

1.2 현재 연주되는 오페라

이 외에도 정말로 수많은 오페라들이 있다. 그렇다면 과연 이 많은 오페라들은 대중들의 높은 관심으로 항상 연주되어져 우리에게 잊혀지지 않는 것일까? 결코 그렇지 않다. 외국도 마찬가지이지만, 우리나라의 경우를 보면 거의 같은 레퍼토리로 오페라 연주가 되어진다. 아래 <표 1>[19)은 1980~1990년 사이의 미국에서 가장 대중적인 오페라들을 통계한 자료인데 이를 보면 많은 오페라 중에서 어떤 것이 사랑받는 오페라로서 무대에 많이 오르는지 쉽게 알 수 있다.

<표1>

작 품 이 름	공 연 수
라보엠 (La Bohem)	1020(회)
춘희 (La Traviata)	990 (회)
토스카 (Tosca)	990 (회)
카르맨 (Carmen)	870 (회)
세빌리아의 이발사(Il Barbiere di Sivila)	840 (회)
피가로의 결혼 (Le Nozze di Figaro)	780 (회)
투란도트 (Turandot)	760 (회)

19) 박선희, 한국오페라 공연실태 조사, 문화예술, 1987

나비부인 (Madam Butterfly)	700 (회)
리골렛토 (Rigoletto)	670 (회)
오텔로 (Otello)	640 (회)
마술피리 (Die Zauberflote)	600 (회)
돈 죠반니 (Don Giovanni)	550 (회)

이 자료는 우리나라에서 공연된 자료들과도 매우 비슷하다. <표 2>[20)는 1960년~1990년까지 서울에서 있었던 작품 공연 회수를 나타낸 자료이다.

<표 2>

작 품	총 회 수
라 트라비아타	16
토스카	13
라보엠	13
카벨레리아 루스티카나	12
나비부인	11
리골렛토	8
아이다	7
사랑의 묘약	6
피가로의 결혼	6
팔리아치	6
돈죠반니	4
세빌리아의 이발사	4

---

20) 위 논문 참고

파우스트	4
마술피리	4
루치아	3
쟌니스키키	3
오텔로	3
로미오와 줄리엣	3

물론 자료가 조금 지난 자료이기는 하나, 세계 어느 곳이나 오페라 연주 현황이 이와 많이 다르지 않다는 것을 쉽게 알 수 있다. 이를 분석해 보면, 결국 수많은 오페라가 있지만 그 중에서 연주되는 것들만 연주가 되고 있다는 것이다. 이는 그런 오페라가 대중에게 인기가 있어서, 즉 사랑받고 있기 때문이기도 하지만, 여러 오페라 단에서는 창작오페라를 연주한다든지 작품성은 뛰어나나 사랑을 받지 못하고 있는 오페라를 연주하는 것은 꺼린다는 것을 알게 되었다.

그리고 거기에 따른 또 다른 문제가 있는데, 같은 오페라를 연주할 지라도 그 작품 해석에 있어서 변함이 없다는 점이다. 같은 오페라일지라도 그 해석을 달리함으로 음악이 주는 느낌, 무대예술(의상, 조명, 무대)이 시각적으로 많이 바뀌기 때문에 같은 뜻이라도 방법을 달리하여 전달할 수 있을 텐데 그렇게 하지 못함으로 인하여 오페라를 즐겨보는 많은 이들이 무언가 새로운 장르를, 새로운 레퍼토리를 원하고 있다는 점이다.

1.3 한국의 창작 오페라

그렇다면, 과연 새로운 레퍼토리란 무엇을 말하는 것인가? 창작오페라를 들 수 있겠다. 우리나라의 경우 많은 인기를 끌었던 창작 오페라가 많이 있다. 다음 <표 3>은 한국 창작 오페라의 작품 목록을 나타낸 것이다.

<표 3>[21)

연 대	작 품 명	작곡가명	초연연도	장소	단체
1950년대	춘향전	현제명	1950년	국립극장	서울대학교 음대 오페라단
	콩쥐팥쥐	김대현	1951년	서울시공관	서울대학교 음대 오페라단
	왕자호동	현제명	1954년	서울시공관	서울대학교 음대 오페라단
1960년대	왕자호동	장일남	1962년	국립극장	국립 오페라단
	춘향전	장일남	1966년	국립극장	국립 오페라단
	자명고	김달성	1969년	시민회관	한국 음악 협회
1970년대	원효대사	장일남	1971년	시민회관	김자경 오페라단
	에스더	박재훈	1972년	시민회관	대한 오페라단
	논개	홍연택	1975년	국립극장	국립 오페라단
	심청전	김동진	1978년	세종문화회관	김자경 오페라단
1980년대	초분	박재열	1983년	국립극장	국립 오페라단
	심청가	박재열	1983년	세종문화회관	김자경 오페라단
	견혼	공석준	1985년	국립극장	국립오페라단
	춘향전	박준상	1986년	세종문화회관	서울오페라단
	시집가는 날	홍연택	1986년	세종문화회관	?
	이화부부	백병동	1986년	국립극장	국립오페라단
	부산성의 사람들	이상근	1986년	?	?

이를 작곡가별로 보면 장일남이 3곡, 현제명이 2곡, 홍연택이 2곡, 박재열이 2곡으로 기록된다. 그리고 '춘향전', '왕자호동', '심청전'은 여러 명

---

21) 위 논문 참고

의 작곡가가 한 작품을 작곡하였는데 이것을 보면 그 작품성이 뛰어나다는 것을 어림 짐작할 수 있겠다. 그리고 이 3가지의 창작 오페라는 초연 이후에 수차례의 재연(재공연)이 있을 정도로 실제로 작품성도 좋았을 뿐만 아니라 대중들에게 좋은 반응을 얻은 것이 사실이다.

그리고 심청전을 주제로 한 오페라 심청. 이는 윤이상의 작품으로 1972년 독일 뮌헨올림픽 준비 위원장 빌리 다우에로부터 올림픽 문화 행사 개막 작품으로 위촉받아 1년에 걸쳐 작곡하여 올림픽 전야에 공연(1972.8.1)하여 격찬을 받은 작품이다. 지휘자, 연출가, 무대장치, 오케스트라, 배우, 특히 심청 역을 맡은 여성 리리언 스키스는 서양인으로서 표현하기 힘든 한국 정서를 잘 살려냈다고 해서 더 열광적인 박수를 받은 작품이다. 무대장치도 아주 좋았다고 전해지는데, 세계 축전 개막 공연에 어울리게 화려하면서도 지나치지 않았고 봉황새나 연꽃, 용궁 등도 섬세하면서도 매혹적이었으며 암석과 구름의 풍경 배치는 가히 환상적이기까지 했다고 한다.

22)

---

22) 2000년 오페라 페스티벌 심청 때, 예술의 전당에서. (Bar.김동섭의 사진)

23)

서구의 개인주의 사상의 절정을 이루는 지금의 청소년들이 부모에 불효하는 풍조에 대하여 동양사상(도교, 불교) 삼계 윤회를 통하여 자식의 희생정신의 승리를 표현함으로써 서구에 커다란 윤리적 충격을 주기도 하였다.

윤이상의 오페라 심청은 단순히 심청의 이야기를 풀어간 것이 아니라 세계인이 공감하는 메시지를 심청을 통해 표출하려는 의도가 분명했고 합창단이 그 부분을 효과적으로 처리하고 있었다.

이 작품의 가장 큰 특징은 언어가 독일어도 되어 있다는 점이다. 독일 뮌헨 올림픽을 기념하기 위해 작곡된 오페라이기 때문에 독일어로 작곡이 되어졌고, 우리나라에서는 27년이 지난 1999년에 초연되었다.

그렇다면, 우리나라의 창작 오페라에 대해서 더 나아가 윤이상의 심청에 대해서 알아보겠다.

이탈리아에서 오페라가 태동된 것은 1597년 피렌체의 바르디 백작궁전

---

23) 2000년 오페라 페스티벌 中 심청 포스터

이었고 작곡가였던 페리와 카치니가 함께 그리스신화를 바탕으로 다프네라는 음악극을 만들었던 것이다. 그러나 한국에서의 첫 오페라무대는 1948년 그러니까 이탈리아에서 오페라가 태동된지 351년만이었다.

1945년 광복과 더불어 자유를 찾게 되자 음악인들도 각자 자신의 취향에 맞는 음악운동에 발 벗고 나섰고 1945년 9월에는 현제명을 이사장으로 한 고려 교향악 협회가 탄생, 10월엔 고려 교향악단의 창단공연이 계정식 지휘로 이루어졌다.

한편 세브란스 의전 출신으로 성악에 깊은 관심을 가졌던 테너 이인선은 광복을 맞자 병원을 개업하는 한편 병원의 수입금을 모두 오페라운동에 썼고 드디어 1948년 1월 16일 베르디의 라트라비아타를 무대에 올림으로서 한국최초의 오페라공연이라는 역사를 만들어내었다.

그런데 그로부터 2년후 그러니까 6·25 한국 전쟁이 발발하기 불과 한 달전인 1950년 5월 20일부터 29일까지 10일간에 걸쳐 일제시대 부민관이었던 국립극장에서 한국 최초의 창작 오페라인 현제명 작곡 춘향전이 무대에 올라 장안의 화제가 되었다. 지휘는 작곡자인 현제명 자신이 맡았고 연출엔 유치진, 출연 성악가로는 도령에 이상춘, 이인범, 춘향에 이관옥, 김혜란, 그 외에 이정희, 김학상, 김형노, 김학근, 오현명 등 이었다. 놀라운 것은 6.25 전쟁이 일어나 온 국민이 전쟁의 혼란 속에 있을때 피난지대구와 부산에서 1951년 7월, 춘향전이 다시 공연되어 음악을 통해 마음의 여유를 불어 넣어 주었다는 점이다.

현제명의 두 번째 창작 오페라 왕자호동이 1954년 11월에 공연된 후 오페라계는 긴 침묵에 들어갔는데 1960년에 세 번째 오페라로 김대현의 콩쥐팥쥐, 이어서 62년에 장일남의 왕자호동이 발표되면서 한국적인 오페라를 만들기 위한 노력이 가시화되기 시작했다. 이렇게 해서 4편의 오페라가 60년대에 발표 되었고 장일남은 자신의 세 번째 오페라로 원효대사를 공연, 70년대의 막을 열었다. 70년에 발표된 4편의오페라 중에서는 홍연택의 논개가 현대적감각과 한국적 내음이 조화를 이루어 새로운 창작오페라의 계기를 마련했다는 평을 얻었고 80년대는 단막 오페라로 박재열의 초분, 심청가 공석준의 결혼 그리고 오숙자의 월술랑 등 모두 13편의 오페라가 발표되었다. 이중에서 단막 오페라로 공석준의 결혼은 가장 많이 공연되고 있고 홍연택의 시집가는날, 이영조의 처용이 역시 주목받은 오페라로 기록되고 있다. 90년대는 현재까지 14편의 오페라가 역시무대에 올랐는데 김동진의 춘향전, 이종구의구드래, 강석희의 초월, 이영조의 황진이 등이 특별한 관심을 갖게했다. 같은 제목을 가진 오페라로는 춘향전이 단연으뜸으로 현제명, 장일남, 김동진, 박준상, 홍연택 등이 작곡했고 가장 많이 공연된 작품은 현제명의 춘향전이었다.

그러나 대부분의 창작오페라는 초연으로 끝나고 말아 아쉬움을 남기고 있는데 그 이유 중의 하나는 서양에서 수입한 오페라형식을 아직도 한국적 정서에 맞게 바꾸지 못한 점과 현대를 사는 청중에게 공감을 주는 음악적 처리의 미숙함을 꼽을 수 있다.

오페라를 종합예술이라 부르는 것은 음악이 가장 중요한 역할을 감당하지만 연극, 미술, 조명, 의상 등 많은 관련 예술가들이 함께 참여해야 성공적인 공연이 가능하기 때문이다. 그러나 무엇보다도 오페라가 제 모습을 갖기 위해서는 오페라 전용극장이 필요하며 그 때문에 세계의 유명도시들에 도시의중심에 오페라 극장이 서있다. 예컨대 밀라노의 라스칼라 극장을 비롯해서 뉴욕의 메트로폴리탄 오페라하우스, 파리의 바스티유극장, 런던의 코벤트가든, 모스코바의 볼쇼이극장 등 이들 극장은 모두 오페라 전용관으로 오페라와 발레만을 무대에 올리고있다.

다행히 우리나라에도 예술의 전당에 오페라극장이 건립되어 오페라 전문관 시대의 문을 열긴 했지만 아직도 대중을 감동시키고 흥분시킬만한 오페라가 공연되지 못하고 있어 안타까울 뿐이다.

1999년에는 창작오페라 3편과 윤이상의 심청이 한국에서 초연되었다. 창작오페라 3편은 이영조의 황진이와 이동훈의 백범 김구 그리고 백병동이 작곡한 사랑의 빛인데 특히 관심을 끌었던 것은 윤이상의 오페라 심청이었다.

윤이상 작곡 오페라 심청은 앞에서 말한 것과 같이 1972년 독일의 뮌헨 올림픽 축전 위촉작품으로 초연된 이래 실로 27년 만에 드디어 한국에서 초연의 감격을 맛볼 수 있었다. 그러나 여기에서 말하는 감격이란 오페라 작품 자체가 주는 순수 예술적 감격이라기 보다는 여러 가지가 포함되어진 감격이라 해야 맞을 것 같다. 솔직히 말하면 윤이상의 작품을 접하게 될 때 우리는 작품 자체와의 대화 이전에 동베를린 사건으로부터 비롯된 그가 겪은 많은 아픔들 그리고 끝내 고국 땅을 밟지 못한 인간적 한이 먼저 마음을 조이게 하며 그를 둘러싼 음악 외적인 문제들이 순수한 만남에 걸림돌이 되고 있다.

그러나 그럼에도 불고하고 심청을 무대에 올린 것은 큰 의미가 있으며 지금으로부터 34년 전 외신을 통해 전달된 갖가지 평가와 찬사를 확인할 수 있는 좋은 기회였다고 생각된다.

오페라 심청은 단순히 심청의 이야기를 풀어간 것이 아니라 세계인이 공감하는 메시지를 심청을 통해 표출하려는 의도가 분명했고 합창단이 그 부분을 효과적으로 처리하고 있었다.

또한 오케스트라 사운드가 극적 흐름의 분위기를 끌고 가며 강렬한 여운을 남겼는데 금관 악기의 자극적인 울림은 때로 귀를 멍하게 만들기까지 했다. 작곡가 윤이상의 요구에 의해 오케스트라가 강렬한 사운드를 내야했다면 이 사운드를 뚫고 나가는 힘 있는 가수의 소리가 필요한데 출연가수들이 최선을 다했지만 오케스트라를 압도하지 못해 아쉬움을 남겼다고 한다.

오페라는 물론 종합 예술로서 많은 기능들이 조화를 이루어야 하지만 오페라의 꽃은 무대위에 등장하는 가수며 관중들의 관심도 대부분 성악가에게 쏠리게 된다는 점에서 가수의 선발은 가장 중요한 작업이라 하겠다.

그러나 아리아와 레치타티보의 구별도 분명치 않고 보통 오페라의 맛과는 다른 점이 많은데도 처음부터 끝까지 눈과 귀를 오페라에 몰입하게 하는 윤이상의 창작력과 예술적 힘은 또 다른 감동으로 다가왔는데 짙은 동양적 색채감과 정점을 이루는 강한 외침은 우리 민족의 응어리를 풀어내는 힘으로 느껴졌다.

윤이상의 창작 오페라 심청은 나도 2000년 예술의 전당 연주때에 직접 본 경험이 있다. 위 사진도 그때의 사진인데, 서양의 오페라와는 받은 느낌이 많이 달랐다. 윤이상의 심청은 서양 오페라처럼 세련되고 아름다운 아리아이지 못하였고, 오케스트라의 반주도 그리하였다. 그리고 우리나라의 이야기인 심청전을 독일어로 불렀기 때문에 어찌보면 거부감도 생길만 했었다. 하지만 처음부터 끝까지 극 고음들로 이루어진 아리아와 레치타티보, 그리고 관악기로 주는 강한 음색은 우리의 한을 말해주기에는 정말로 충분한 작품임을 느낄 수 있었다.

이렇게 우리나라의 창작 오페라는 세계적인 오페라처럼 성공을 하지는 못하였으나 그 작품이 말하려는 의도를 잘 전달할 수 있고 또한 우리나라뿐만이 아니라 외국인 독일에서도 호평을 받을 정도로 작품성을 지는 오페라이다. 그렇기에 우리는 우리의 오페라를 독일로 수출을 할 계획인데, 과연 어떻게 해야 성공적인 수출을 할 수 있을지 알아봐야 할 것이다.

앞에서 말했듯이, 대부분의 창작 오페라는 초연으로 끝나고 마는 경우가 참으로도 많다. 그 이유로는 작품성이 떨어져서 그런 경우도 있겠고, 오페라 형식을 그 나라의 정서에 맞게 바꾸지 못한 경우, 그리고 현대를 사는 청중들에게 공감을 주는 음악적 처리의 미숙함 등이 있을 것이다. 이런 점들을 보완을 한다면, 작품성이 있는 경우라면 창작 오페라 일지라도 우리나라가 아닌 외국인 독일에서 성공을 할 수 있을 것이라 추정된다.

1.4 독일의 오페라 연주 실태

그러면 일단 독일의 정서에 대해서 알아야 할텐데 독일에서는 오페라 작품을 어떤식으로 연주하고 있는지 알아보겠다.

일단 독일은 오페라 전용 극장이 꾕장히 많이 있다. AACHEN(아헨), ALTENBRUG(알텐부룩), AUGSBURG(아욱스부룩), BAUTZEN(바우첸), BERLIN(베를린), BIELEFELD(빌레펠트), BONN(본), BREMEN(브레멘), BRAUNSCHWEIG(브라운쉬바익), CHEMNITZ(캠니츠), COBURG(코부룩), DESSAU(데사우), EORTMUND(도르트문트), DUISBURG(뒤스부룩), DUSSELDORF(뒤셀도르프), DISENACH(아이젠나흐), ERFURT(에어푸르트), FRANKFURT(프랑크푸르트), FREIBURG(프라이부룩), GELSENKIRCHEN(겔헨키르헨), GERA(게라), GIESSEN(기센), HAGEN(하겐), HALLE(할레) 등 73개의 오페라 전용극장이 있다. 이 많은 극장에서는 모두 오페라 가수와 계약을 하여 작품 연주를 하고 있으며 그 극장은 연주를 끊이지 않으며 관중을 불러들이고 있다.

24)

25)

---

24) 베를린 테아터
25) 비스바덴 테아터

---

26) 뉘른베르크 테아터
27) 뮌헨 테아터
28) 라이프치히 테아터

29)

30)

31)

---

29) 바이로이트 바그너 테아터
30) 프라이브룩 테아터
31) 팔츠 테아터

32)

33)

34)

이렇게 독일의 크고 작은 아름다운 극장에서 오페라 공연을 하고 있는

---

32) 드레스덴 테아터
33) 힐데스하임 테아터
34) 슈트가르트 테아터

데, 처음에 말한바와 같이 독일 역시 우리나라와 비슷한 레퍼토리의 연주가 이루어지고 있다. 하지만, 우리나라와 다른 점이라면 많은 오페라가 같은 Text로 연주를 할지라도 그 무대장치, 의상 등 시각적 효과를 내는 면에서는 해석이 달라진다는 것이다. 즉, 시각적인 면에서는 현대화시켜 무대에 올린다.

이를 사진으로 알아보는 것이 좋을 것 같다.

35)

36)

---

35) 오페라 자이테
36) 오페라 '카르멘'

　이렇게 사진을 보면 쉽게 알 수 있는데, 지금 독일의 오페라 문화는 굉장히 현대적이라 말할 수 있다. 음악은 그대로 사용하면서 극의 시간을 현재로 그리고 장소를 현대 도시로 바꾸어 무대에 올리는 경우도 있고, 무대 의상만을 현대 의상으로 바꾸어 공연하는 경우도 있다.

　그리고 이제는 극중 아리아뿐만 아니라 연기 또한 중요시 여기기 때문에 위의 사진 중 오페라 '자이테'처럼 가수는 노래만 하고 연기는 연기자가 하는 경우도 많이 생기고 있다.

2. 동양을 배경으로 한 "춘향전"

2.1 한국의 오페라와 춘향전

　춘향전에 대해서 모르는 사람은 없을 것이다. 어릴 적부터 동화책을 통해 그리고 수많은 드라마. 영화로 각색되어 누구나 한번 쯤 영상물을 통해 감상을 해 봤을 것이다. 이도령과 성춘향을 통한 신분을 넘나드는 사랑 이야기, 그리고 변학도를 통해 보여 지는 권선징악등의 내용이 담겨진 춘향전은 한국의 대표적인 문학작품이자 또한 국악의 한 종류인 판소리로써 큰 비중을 차지한다.

그러나 이 춘향전이 오페라로 쓰여 졌다는 사실을 알고 있는 사람은 몇 이나 될까? 클래식 시장이 협소한 한국에서 오페라라는 장르에 관심을 가지는 사람은 그리 많지 않은데 거기다가 한국 오페라에 관심을 가지기는 다소 무리인 것처럼 보일 수도 있다. 그러나 이미 일제시대 때부터 클래식이 전해 오면서 한국 가곡들이 만들어 지고 있듯이 오페라 분야에서도 현제명의 "춘향전" 비롯하여 김동진의 "심청전", 이영조의 "황진이", 장일남의 "원효대사" 최병철의 "아라리 공주" 정회갑의 "산불" 박영근의 "동명성왕" 등 50여편의 오페라가 쓰여졌다. 그러나 역시 한계란 대중에게 쉽게 다가가지 못한 것이었다. 그 중 춘향전이 가장 많이 공연되고 또 다소 대중에게도 잘 알려진 작품이라고 할 수 있다. 한국에서 뿐만 아니라 외국에서도 공연되어 아주 큰 호평을 받은 작품이다.

춘향전은 종종 여러 음악대학에서 오페라 정기연주에서 많이 공연되었다. 개인적으로 알고 있는 공연으로는 2002년도에 경원대, 2003년도에 예술 종합 학교에서 한 공연이 있으며 오페라 춘향전 중에서 이도령과 성춘향의 아리아 "사랑가", "그리워 그리워" 등이 유명하다.

특히 "사랑가"는 아주 듣기 좋은 멜로디와 단순한 가사로 인해 연주회때 단골로 등장하는 이중창이다.

먼저 오페라 춘향전에 대해서 알아보기 전에 "판소리 춘향전"에 알아보도록 하자.

2.2 판소리 춘향전

춘향전은 판소리 12마당 중 하나이다. 판소리 12마당이란 송만재의 관우회라는 한문시에서 전해진 12개의 판소리이다. 송만재는 가난하여 과거에 급제한 아들을 위해 해 줄 수 있는 것이 없어 "관우회"를 지어서 주었다고 한다. 그 안에 있는 12마당의 이야기들이다. 때는 조선 숙종 때이며 내용은 다음과 같다.

1) 장끼타령- 추운 겨울날 굶주린 장끼가 까투리와 함께 넓은 들에 내려와 붉은 콩 한 알을 발견하고 까투리의 말리는 소리를 듣지 않고 그 콩을 꽉 찍다가 덫에 치인다는 이야기.

2) 변강쇠타령- 변강쇠가 장승 하나를 패서 그것으로 군불을 땠던 죄로 장승같이 두 눈을 부릅 뜨고 죽어서 그 젊은 아내가 장사 지낼 도움을 얻을 계략을 꾸미고 산중에서 곡을 하였더니 중조라니 풍각쟁이들이 차례로 걸려들어 변강쇠의 송장을 치우려다가 도리어 송장에 딱 붙어 떨어지지 않았다는 이야기.

3) 왈자타령(무숙이 타령) - 장안의 오입쟁이 왈자들이 기생을 놓고 노래와 술로 협기를 다툰다는 이야기.

4) 배비장 타령 - 배비장이 제주도에서 기생에 혹하여, 그 계집이 조롱하는 대로 제 상투를 잘라 주고, 앞니 하나를 빼어 준다는 이야기.

5) 심청가 - 효녀 심청이가 아버지의 눈을 뜨게 하고자 임당수에 몸을 내던져 나중에 환생해서 왕비가 되어 아버지의 눈을 뜨게 한다는 내용.

6) 춘향가 - 춘향이와 이도령의 사랑이야기로 지고지순을 노래함.

7) 수궁가 - 임금에게 충성하는 거북이의 이야기로 토끼의 간을 가져오려는 거북이의 이야기.

8) 흥부가 - 착하고 가난한 아우 흥부와 못되고 부자인 형님 놀부의 이야기. 권선징악

9) 적벽가 - 삼국지를 배경으로 한 노래로서 삼국지의 적벽대전의 내용.

10) 강릉 매화전 - 사랑하는 기생 매화가 죽었다는 거짓말을 믿고 정신을 잃어버린 친구가 저녁에 자기 방으로 돌아온 기생 매화를 정말로 그의 죽은 혼으로 믿었다는 이야기.

11) 가짜 신선타령 - 한 어리석은 자가 신선이 되려고 에 들어가 한 노선한테서 거짓의 천도와 천일주를 받아먹고 신선이 된 것으로 속아서 착각하고 여러가지 추태를 보인다는 이야기.

12) 옹고집전 - 옹고집을 고쳐주기 위해 대사가 짚으로 만든 가짜 옹고집과 서로 진짜라 우긴다는 이야기.

이 12마당을 이후에 신재효가 6마당으로 간추렸는데 춘향가, 토벌가(수궁가), 심청가, 박흥보가(흥부가), 적벽가, 변강쇠 타령이었다. 그 이후 1933년 이선유의 "오가전집"에서 수궁가, 적벽가. 흥부가, 춘향전, 심청가이다. 적벽가말고는 모두 전래동화로 인식되어 올 정도로 유명한 스토리가 되었다.

이 중 춘향전을 집중적으로 살펴보자면 이러하다.

사실 춘향전이 언제 쓰여졌는지 확실치 않다. 영조·정조 전후의 작품으로 추측될 뿐, 작자·연대는 미상이다. 판소리뿐만 아니라 현대에 와서는 창극, 영화로도 만들어진 작품이다. 판소리가 되기 전에 이미 민간설화로 전해지던 것으로 볼 수 있다. 그 증거로 숙종 이전의 연대를 가진 야담에 "춘향전"의 일부와 내용을 같이하는 것으로 "암행어사설화", "염정설화" 등이 20여 종이나 된다. 그러므로 "춘향전"은 이와 같은 설화들이 가진 종합적인 러브 스토리를 하나로 응집시켜, 민간 광대에 의해 합쳐졌을 것이라는 설이 있다. 설화중 "춘향전"과 "이어사전"의 합성으로 보는 것이 가장 신빙성이 있다.

남원부사의 아들 이몽룡과 퇴기 월매의 외동딸 춘향이 서로 사랑에 빠졌을 때 이도령의 아버지가 서울로 가게 됨에 따라 둘은 헤어지고 뼈아픈 이별을 맞게 된다. 이때 새로 부임하게 된 변학도는 춘향이에게 수청을 들게 하지만 춘향이 이를 거부하자 옥에 가두고 온갖 고초를 당하게 한다. 서울로 간 이도령은 과거에 급제하여 암행어사가 되고 신분을 숨기고 남원으로 내려 온다. 변학도의 생일에 각 고을 수령이 모여 잔치를 벌이는 곳에서 이도령이 출도를 외치며 나타나고 이후에 춘향이과 이도령은 백년해로하게 된다는 내용이다.

이 내용은 전해져 오는 문헌마다 약간씩 차이를 보이고 있는데 그 이유는 바로 구전문학의 성격에서 비롯되는 것으로 볼 수 있다. 심지어 춘향이가 기생이 아니라 성씨를 가진 양반의 서자로 나오는 이야기도 있는데 이것은 양반들의 구미에 맞게 변형된 것이라고 볼 수 있겠다. 판소리 춘향전은 문학적인 면을 보자면 그다지 큰 역사적 의의는 부족하다고 볼 수 있다. 그러나 신분을 초월한 춘향이와 이몽룡의 사랑, 탐관오리로 대표되는 변학도의 잔악함이 결국 응징을 받게 되는 것 등을 볼 때 민중들의 꿈이 담긴 이야기라고 볼 수 있으며 이러한 성격으로 민중들에게 크게 환영 받고 넓게 퍼졌다고 볼 수 있다.

위의 12가지 판소리 중에 영화로 심지어 오페라로 각색된 것은 유일하게 춘향전 하나라고 이다. 이러한 이유는 무엇일까? 그 이유를 꼽자면 탄탄한 구성으로 볼 수 있지 않을까 한다. 사랑이야기, 그리고 악한 자가 벌을 받고 지조를 지키고 바르게 살아온 성춘향이 복을 받게 되는 권선징악, 그리고 향단이와 방자로 나타날 수 있는 웃음 등의 내용들이 현재에도 인정받을 만큼 내용 구성이 탄탄하기 때문이라고 볼 수 있다.

영화로 각색된 춘향전은 어떠할까? 이 전에도 많은 춘향전이 만들어졌지만. 가장 최근에 임권택 감독의 "춘향전"을 통해 유럽에서도 매체를 통해 우리의 춘향전은 많이 소개가 된 상태라고 볼 수 있다.

이제 한국의 전통적인 춘향전에 대해서 알아보았으니, 본격적으로 오페라 춘향전이란 무엇인지 알아보도록 하자.

2.3 판소리 춘향전

대본: 이서구에 의함

때: 5월 단오날

곳: 전라남도 남원

초연: 1850년 5월 국립극장

등장인물: 춘향(S), 이도령(T), 월매(A), 변사또(B), 방자(T), 향단(S) 등

배경:

1948년 현제명이 작곡한 한국 최초의 창작오페라 '춘향전'은 진정한 사랑을 통해 폭력과 권력에대한 카타르시스를 느낄 수 있게 한다. 또한 여러 작곡가의 작품 중 현제명의 '춘향전'은 가장 경쾌하고 우리 가락이 잘 살아 있는 작품으로 한국적 내용과 서구적 양식이 조화롭게 융화되어 정제된 공연 양식을 선보이는 작품이다. 우리나라 오페라에서 효시를 이루는 작품이고 그 만큼 우리 오페라의 붐을 일으키는 데 기여한 바가 큰 작품으로 그 수법에 있어서는 계몽적인 것이지만 시대적인 의미는 크다

줄거리

제1막 광한루

숙종대왕이 즉위한 지 얼마 안 되어 남원 부사의 아들 이몽룡이 방자를 데리고 광한루에 봄 향기를 만끽하던 중 기생인 월매의 딸 춘향이 그네

타는 모습을 보고 반한다. 그러나 방자는 글공부하는 도련님이 점잖게 놀자고 하며 춘향을 데려오라는 말에 거절하다가 나중에는 하는 수 없이 춘향을 불러온다. 단오날 광한루에는 처녀들과 아이들이 모여 그네를 타며 명절을 즐기고 있다. 이때 도령과 춘향은 서로 만나 '나비 꽃과 같이 화창한 이 봄을 함께 사랑의 향가에 영원히 잠기리로다' 하고 노래 부른다. 도령은 춘향의 집에 찾아가 백년 가약을 맺는다.

제2막 춘향의 집

때는 1년 후의 어느날이다. 전주가 끝나면 방자가 향단에게 도련님과 춘향도 저렇게 재미있게 사랑을 속삭이고 있으니 너도 나도 이제는 재미있게 놀아보자며 추파를 던진다. 그러나 향단은 한마디로 일축하자 이때 춘향의 어머니인 월매가 나타나 향단을 안으로 쫓아 보낸다. 이때 방자는 향단을 그리워하면서 푸대접을 못마땅히 여긴다. 월매는 빈정대는 방자에게 술을 먹으라면서 안으로 들여 보낸다. 그리고 딸과 사위가 방안에서 사랑을 속삭이는 것을 보고 춘향이 커서 남편의 정을 아는구나 하며 지나간 옛일을 회상하며 옛님을 그리는 아리아를 부른다. 도령과 춘향은 서로의 사랑에 취해 사랑의 2중창 '한번 보아라 내 사랑, 열번을 보아도 내 사랑'이라는 사랑가를 부른다. 이때 수위사령이 나타나 사또가 큰일 났다고 하면서 어서 가자고 한다. 이에 방자는 도령에게 아버지 이부사가 한양의 내직으로 영전하게 되었고 도련님은 어머님을 모시고 새벽에 먼저 떠나라는 추상같은 명령이 내렸다고 말한다. 도령이 걱정하는 것을 보고 춘향은 사랑하는 님을 따라 어디든지 가겠다라고 말한다. 이에 도령은 그렇게 했으면 좋겠지만 아버지가 완고하시다하며 같이 떠나지 못함을 말한다. 춘향과 월매는 애절하고 비통스런 딱한 처지였지만 할 수 없이 다시 만나기로 약속하고 춘향의 기다린다는 말을 남긴 채 떠나게 되었다.

제3막 동헌 신임 사또

그 후 신임 남원 부사 변학도는 주색을 좋아하여 부임하는 날 남원 기생을 모두 알아보는데 춘향의 미모를 전해 듣고 그녀를 불러서 수청을 들라고 강요한다. 이에 춘향은 전관 사또자제 도련님과 백년가약을 맺고 도련님이 오시기만을 기다리면서 수절하고 있으므로 거절해도 강권으로 잡아놓고 수청을 들라한다. 사또는 이곳에서 제일 가는 사또라며 춘향을 보고 천하일색이라고 하며 수청을 들도록 한다. 이에 춘향은 충신에는 두 임금이 없고 열녀에게는 두 남편이 없다며 그런 말 하지 말라고 한다. 화가 난 사또는 반항하는 춘향을 옥에 가두는데 월매와 마을 사람들은 그런 처사에 억울함을 호소한다.

제4막 남원 가는 길

몇 년이 지난 후에 이도령은 과거에 장원급제하여 전라도 암행어사로 어수 받고 몰락한 양반의 모습으로 변장하여 남원으로 향한다. 도중에 농부들의 말을 통하여 춘향의 높은 정절의 소식을 듣고 또한 방자를 만나 그녀의 편지를 읽으며 눈물을 흘린다. 이도령은 남원에 도착하고 옥중에서 내일 신임사또의 손에 죽을 것을 각오하고 춘향은 그녀의 비운을 한탄하며 애끓는 노래를 부르는데 그 내용에 저승에서나마 만나겠다는 하소연에 옥사장까지 눈물을 흘린다. 드디어 월매와 도령은 옥을 방문했는데 그의 모양은 거지처럼 말이 아니었다. 월매는 실망에 찬 한숨을 내쉰다.그들은 '그리워 그리워'을 부르며 힘차게 포옹하며 만나는 사랑의 기쁨을 노래한다. 춘향은 내일 자신이 죽는다며 시체를 찾아 묻어 달라고 말하고 월매에게는 도련님에게 새옷 드리고 진지 대접 잘 하라고 부탁한다. 이도령은 하늘이 무너져도 솟아날 구멍이 있다고 경솔한 마음을 먹지 말라고 춘향을 위로한다.

제5막 동헌이 있는 사또의 생일 잔치

변사또의 생일 잔치에 각 고을의 수령들이 모인 자리에 이도령이 거지의 모습으로 나타나 글짓기를 자청한다. 사또는 모두 마음대로 먹고 떠들라고 말하여 모두들 취흥이 돌아 장내는 잔치 분위기로 가득 찼다. 그런데 운봉 영장이 사또에게 호남지방에 암행어사가 왔다는 말이 있다고 말하자 변사또는 일소에 붙여 버린다. 마침내 거지 모양을 한 이도령이 중석으로 뛰어올라 사또 상 앞에 앉아 마음대로 먹는다. 그러자 사또는 거지치고는 건방진 놈이라고 하며 글을 지어 보라고 하자 이도령은 글을 써서 나간다. 그 글은 금잔의 좋은 술은 천사람의 피요, 옥반의 좋은 안주는 만백성의 기름이라. 촛불 눈물 떨어질 때 백성의 눈물 떨어지고, 노래소리 높은 곳에 원망소리 드높구나 한다. 이에 몹시 화가 난 사또는 춘향을 다시 잡아들여 죽일 준비를 하였다. 그런데 낭청은 그 거지가 심상치 않는 사람이라고 생각한다. 사또는 죽을 준비가 되었는지 살펴본 후 손을 들어 풍악을 울리게 한다. 그리고 춘향에게 마음을 돌려보라고 해도 그녀는 백번 죽어도 마음은 변하지 않는다고 완강히 거부한다. 이때 이도령은 사령을 뿌리치며 나타나 색마인 사또를 보며 이제라도 마음을 고치라고 꾸짖는다. 그러나 사또는 형리에게 명하여 이도령의 목을 당장 치라고 한다. 그곳에 마을사람들과 함께 마침내 어사일행이 등장하여 합창으로 암행어사 출도라고 외치며 암행어사의 위대함을 노래한다. 어사는 변사또를 결박하고 투옥하라고 명하며 한편 옥에 있는 사람들은 풀어주라고 한다. 또한 춘향이도 풀어

놓고 약을 먹여 소생케 하라 하며 이 여자는 무슨 죄인지 하고 물으며 반지를 꺼내 주며 자신임을 알린다. 이에 놀란 춘향은 매우 놀라며 나의 사랑 서방님이라 한다. 수령들은 혼비백산하여 도망쳐 버리고 어사또는 변사또를 봉고 파면시킨다. 그리하여 이도령과 춘향은 부귀공명을 누리게 된다.

과연 이런 춘향전이 얼마나 독일에서 인기가 있을까? 사실 어떻게 보면 우리 오페라를 독일 오페라 마니아들이 어떻게 생각할지 참으로 궁금하기도 하고 한편으로는 "과연 먹힐까?" 하는 두려움에 지레 겁을 먹을 수도 있다.

여기에서 푸치니라는 이탈리아 작곡가에 대해서 알아 볼 필요가 있다.

그의 작품 투란도트는 중국을 배경으로 나비부인은 세계 2차 대전 즈음을 시간적 배경으로 한 일본을 배경으로 삼았다. 무대 의상 등장인물은 모두 중국, 일본의 의상과 등장인물의 이름으로 올렸으며 각 나라의 풍토에 맞는 음악으로 작곡을 하였다.

푸치니가 직접 일본과 중국에 가 본 것은 아니지만 이 두 작품은 모두 문학작품에서 영감을 얻어 작곡된 곡들이다.

여기서 투란도트와 나비부인을 소개해 볼까 한다.

2.4 동양을 배경으로 한 오페라

먼저 오페라 투란도트에 대해서 알아 보자.

대본 G, Adami, R.Simoni, 이탈리아어
때 전설시대
곳 중국 북경
초연 1904년 2월 17일 밀라노 스칼라좌

연주시간 제1막 약 35분, 제2막 약 45분, 제2막 약 40분, 총 2시간

등장인물 투란도트(S), 알툼(T). 티무르(B), 칼라프(T), 류(S), 핀(Br), 퐁
(T), 판(T), 관리(Br) 등

배경 푸치니가 이 작품에 감명을 받은 것은 베를린에서 라인하르트가
연출한 투란도트를 본 이후였다. 그리하여 곧 아다미와 시모니에게 대본을
착수시켰으나 푸치니의 주문이 까다로워 쉽게 진행되지 않았다. 중국의 미
인인 투란도트를 단지 잔인한 여자로 등장시키기보다는 한때는 사랑을 아
는 여자로 하고 싶었기 때문이다. 그리하여 이 작품에 4년이라는 시간을
허비했으나 그 완성을 보지 못한 채 인후염이 점차 악화되어 1924년 별세
하고 말았다. 따라서 초연할 당시에는 제3막에서 류가 사랑하는 사람을
위해 단도로 가슴을 찔러 자살하는 것으로 끝났다.

이 작품을 초연하는 날 밤, 오페라가 여기까지 이르렀을 때 관중은 류의
죽음을 슬퍼하며 애도하는 장면에 이르자 지휘자 토스카니니는 지휘봉을
놓고 "선생이 작곡한 것이 여기까지 입니다"라고 말했다고 한다. 그가 죽
기 25일 전에 수술을 받기 위해 브뤼셀에 갔었는데 그의 가방 속에는 투란
도트의 피날레를 스케치한 것이 들어 있었다 한다. 최후의 2중창과 크게
힐문하는 장면이 담긴 36페이지가 남겨져 있어서 그 것을 바탕으로 제자인
프랑크 알파노가 작곡하여 완성시켰다.

줄거리

제1막 북경의 왕궁 앞 광장

한 관리가 등장해 절세미녀인 투란도트 공주는 자신이 내는 세 개의 수
수께끼를 풀 수 있는 사람과 결혼할 것이며 만일 한 문제라도 맞히지 못할

경우에는 목숨을 바쳐야 한다는 내용의 포고문을 전한다. 이미 여러 사람이 도전했으나 형장의 이슬이 되었고 곧 페르시아 왕자도 사형이 집행된다고 알려진다.

군중 사이에 남루한 옷을 걸친 늙은 노인이 있었는데 그는 조국을 잃고 방황하고 있는 타르타르 왕 티무르였다. 이때 군중에 떠밀려 쓰러지면서 한 젊은 남자의 도움을 받게 된다. 이 젊은이는 전쟁중에 죽은 줄로만 알았던 자기의 아들 칼라프 왕자였다. 티무르를 시중들고 있던 노예 류도 몹시 기뻐하는데 그녀는 남몰래 왕자를 사랑하고 있었다. 그들은 남들이 눈치채지 못하도록 조용히 재회의 기쁨을 누린다.

군중의 함성이 들리더니 투란도트 공주가 성곽에 나타나 페르시아 왕자의 사형 집행을 신호한다. 그 순간 칼라프는 그녀의 미모에 매혹되어 수수께끼에 도전할 결심을 한다. 티무르와 류는 극구 만류하지만 막무가내이다. 멀리서 사형된 왕자들의 혼령을 부르는 합창소리가 들려온다.

칼라프를 사랑하는 류가 '나의 말을 들어주오(Signore, ascolta)'를 부르며 말린다. 애절한 그녀의 호소에 칼라프는 감동하지만 반드시 수수께끼를 풀겠다며 '울지말아요, 류!(Non Piangere, Liu!)'라는 아리아를 노래한다. 우스꽝스럽게 생긴 세 명의 대신 핀, 판 그리고 폰이 목숨을 아끼라고 그를 저지하고 군중도 이에 동조한다. 그러나 그는 투란도트 공주의 이름을 높이 외치면서 단호히 나아가 징을 두드린다.

제2막 북경의 왕궁 앞 광장

궁전 안에서 핀, 판 그리고 폰은 무정하기 그지 없는 투란도트 공주에 관해 이야기를 나누면서 지금까지 13명의 불쌍한 구혼자들이 그녀 때문에 목숨을 잃었다고 탄식하고 행복하게 맺어졌을 때에 축하하는 노래를 부른다.

다시 궁전 앞의 광장으로 군중은 무명의 왕자가 수수께끼를 풀기 위해서 기다리고 있는 모습을 지켜본다. 트럼펫의 팡파르가 울리자 황제 알툼이 입장한다. 여덟 명의 현신이 수수께끼의 해답이 있는 두루마리를 가지고 대령하고 있다. 칼라프는 왕좌 앞에 서 있고, 포고문이 큰 소리로 다시 읽혀진다. 황제는 그 무명의 왕자에게 늦기 전에 생각을 바꾸라고 권하지만 칼라프는 거절한다. 투란도트 공주는 왜 자기가 이런 행동을 하는지에 대해서 설명한다.

먼 옛날, 이 궁전에 쳐들어온 타르타르 군의 젊은이가 왕녀를 잡아 잔인하게 능욕하고 죽였기 때문에 외국에서 찾아온 젊은이에게 풀기 어려운 수수께끼를 내어 복수한다는 것이다. 문제는 셋, 죽음은 하나라고 공주가 말하자 칼라프 역시 수수께끼는 세 가지고 목숨은 단 하나뿐이라고 대담하게 대꾸한다.

공주는 그를 향해 첫번째 문제를 던진다. '들어라 젊은이여, 어둠을 비추고 다음 날 없어지는 것은?'이라고 묻자 그는 '희망'이라고 대답한다. 다시 둘째 문제로 '태어날 때는 열병과 같이 뜨겁다가 죽을 때는 차가워지는 것은' 하고 묻자 그는 '피'라고 외친다. 군중은 칼라프를 성원하듯 환호성을 지르지만 공주는 장내를 정리시키고 화가 나서 그에게 달려 내려가서는 '그대에게 불을 붙이는 얼음은?'이라고 마지막 질문을 던진다. 칼라프는 창백한 얼굴로 주저하다가 '투란도트'라고 소리지른다. 마침내 세 가지의 수수께끼를 모두 풀었다.

군중은 축복하지만 공주는 이름도 모르는 자와 결혼할 수 없다면 황제에게 다른 묘책을 강구해 달라고 매달린다. 황제는 단호하게 약속은 신성하다며 거절한다. 칼라프는 공주에게 한 가지 문제를 제의한다. 만일 그녀가 동이 트기 전에 자기의 이름을 알아 맞춘다면 그녀를 자유롭게 해 줄 것이며 아울러 목숨까지 바치겠지만 그렇지 못할 경우에는 마땅히 자기의 아내가 되어야 한다고 말한다.

제3막 북경의 왕궁의 정원과 광장

궁전의 정원에서 관리가 포고문을 외치고 있다. 왕자의 이름을 밝히기 전까지는 아무도 잠을 잘 수 없으며 만일 이를 위반하면 사형에 처한다는 것이다. 핀, 판 그리고 퐁은 칼라프로부터 이름을 들으려고 뇌물을 주면서 그대의 이름만 말해준다면 금과 행복한 생활을 보장하겠다고 갖은 유혹을 하지만 그는 거절한다.

마침내 티무르와 류가 공주 앞에 끌려오고 공주는 그들에게 왕자의 이름을 밝히라고 하지만 대답을 하지 않자 티무르를 고문하라고 지시한다. 류는 그를 구제할 속셈으로 오직 자신만이 왕자의 이름을 안다고 나선다. 공주는 그녀를 잔혹하게 고문하면서 이름을 묻지만 끝내 밝히지 않자, 공주는 의아해 하며 왜 고통을 감수하는 이유가 무엇이냐고 묻는다. 류는 그것이 바로 사랑의 힘이라는 '사랑은 강하도다(Tanto amore, segreto)'를 노래하고 계속해서 '얼음장 같은 공주님의 마음도(Tu che di gel cinta)'라는 아리아를 부른다.

그리고 옆에 있는 병사의 단도를 빼어 자기의 가슴을 찌른다. 칼라프는 그녀의 숭엄한 죽음 앞에 무릎을 꿇고 애도하고 군중들도 나직한 목소리로 동정한다. 투란도트와 함께 남게 된 칼라프는 공주의 얼굴에 가려진 베일을 찢는다. 그는 눈물을 흘리며 '죽음과 같은 공주여! 얼음과 같은 공주여!(Principessa di morte! Principessa di gelo!)'라고 노래한다. 여기까지 푸치니가 쓴 부분이고 다음부터는 알파노가 손을 댄 부분이 된다.

칼라프는 투란도트를 안으면서 열정적으로 키스를 한다. 그토록 냉정하던 그녀의 마음도 차차 봄 눈 복 듯 스러진다. 그녀는 우아한 자태로 '넘치는 눈물(Del primo pianto)'이라는 아리아도 답한다. 칼라프는 나는 타무르의 아들, 타르타르의 왕자라고 자신의 이름을 말하고 공주도 이제 나도 당신의 이름을 안다고 답한다.

장면이 바뀌어 궁전 밖이다. 황제는 그의 왕좌에 앉아 있고 광장에는 군중에 운집해 있다. 동이 트자 투단도트는 황제에게 이제 저는 이 사람의 이름을 안다고 말한다. 그리고 몸을 돌려 칼라프의 눈을 응시한 채 그의 이름은 사랑이라고 소개한다. 칼라프는 공주를 포용하고 군중은 꽃을 뿌리면서 즐겁게 사랑의 환희를 노래한다.

투란도트를 3번 본 경험이 있다. 인상적이었던 것은 궁궐의 화려한 모습을 보이려고 무대 연출에 많이 신경을 쓴 것이 보이고 또 의상에 있어서도 많은 노력을 기울인 흔적이 보인다는 것이었다. 이 두가지면에서 확연한 중국의 모습을 한 눈에 볼 수 있고 또 전체적인 음악면에서도 역시 중국 분위기를 느낄 수 있다. 주인공 또한 중국의 공주로서 많은 신비감을 느끼게 하는 캐릭터로서 중국에 대한 이미지를 많이 나타내었다.

또 다른 오페라인 나비부인에 대해서도 알아보도록 하자

때: 1900년경(일본의 명치시대)

곳: 일본 큐슈의 나가사끼

초연: 1904년 2월 17일 밀라노 스칼라 극장

연주시간: 제1막 약 45분, 제2막 약 95분, 총 2시간

등장인물: 나비부인(S), 스즈끼(MS), 핀커톤(T), 케이트(MS), 샤플레스(Br), 야마도리(T), 야꾸시데(B), 관리(B), 신관(B) 등

배경: 이 나비부인의 원작은 John Luther Long(1861~1927)의 소설인데

푸치니의 오페라는 이 소설을 미국의 흥행주 겸 각색가인 Belasco, D.(1859~1931)가 번안한 희곡을 원본으로 한 것이다. 이 연극이 뉴욕과 런던에서 크게 성공하였는데 때마침 푸치니가 '토스타'의 런던 초연을 타협하기 위해 갔다가 이 연극을 보고 감격한 나머지 밀라노에 돌아와 이 오페라의 대본을 서두르게 하였다.

그리하여 그와 황금 트리오를 이루고 있는 지아코사와 일리사의 각색으로 오페라 대본의 완성을 보게 되었다. 비상한 정열로 작곡한 그는 도중에 병과 자동차 사고 등으로 인해 1년 반이나 걸려 완성하였으니 이 오페라의 초연은 뜻밖에도 성공하지 못하였다. 그 후 일본의 의상과 풍속, 연출 등에 다소 수정을 가하여 초연 3개월이 지나서 재공연하자 압도적인 성공을 보았다. 이 오페라의 음악은 작곡자 자신의 말과 같이 지금까지 자기가 쓴 가극 중에서 으뜸가는 것이라고 할 수 있다. 이것은 화려하고도 애처로움이 있는 음악으로 엮어진 극음악이라 하였으며 이탈리아 오페라의 특유한 아름다움 전형이라고 하겠다.

줄거리

제1막 나가사끼 언덕 위에 집

서주로 막이 열리면 미국의 해군사관 피커톤이 결혼중매를 하는 고로의 안내로 등장한다. 고로는 여기서 일본 가옥에 대해 여러가지로 성명한다. 그가 문을 두드리자 하녀 스즈끼와 사환들이 나와서 새주인인 핀커톤에게 인사를 한다. 다시 말하자면 핀커톤은 나비부인과 결혼하게 되어 이 언덕 위에 집을 빌린 것이다. 고로는 안방에서 신부가 도착하는 것을 기다리며 이 예식에는 란디와 미국 영사 그리고 신부의 친척등이 참석한다는 것을 핀커톤에게 말해준다.

크게 만족해 하는 핀커톤은 나가사끼 주재 영사가 나타나는 소리를 듣고 더욱 기뻐한다. 그는 고로에게 마실 것을 분비하게 한 후 영사와 함께 잔을 들면서 이 집은 999년 동안 빌렸지만 언제든지 계약을 파기할 수 있다는 자신있는 이야기를 하면서 영사를 안심시킨다. 여기서 두 사람은 인상적인 2중창을 부르며 미국의 기질을 용감하게 자랑하며 자기는 여러나라의 아름다운 여자를 수중에 넣지 못하면 산 보람이 없다고 노래한다. 이것을 듣고 있던 영사 샤플레스는 그런 생각이 일시적으로 유쾌한지 모르나 터무니 없는 결과를 가져올지도 모른다고 주의를 준다. 고로가 나타나 신부의 행렬이 가까이 이르렀다는 것을 알리자 무대 뒤에서는 '아름다운 하늘이여. 바다도 빛난다;라는 아름다운 여성 합청이 들린다. 얼마후 영산을 쓴 처녀들의 행렬이 등장한다. 고로는 신부의 아름다움을 자랑하며 자기의 눈이 뛰어났다는 것을 자부하는데 핀커톤은 연인을 빨리 영접하기 위해 서두른다.

영사는 핀커톤에게 주의를 시킨다. 핀커톤을 본 나비부인은 그를 자기의 친구들에게 소개하자 샤플레스는 아름다움에 감탄하며 그녀에 관해 묻는다. 나비부인은 자기의 선조는 상당히 부유한 오랜가문이었으며 재난때문에 몰락했다는 말과 어머니를 보살피기 위해 기생이 되었다는 이야기를 하고 나이는 15살이라고 말한다. 그 때 친척들이 들어와 푸른 눈의 외국인에 대해 주목을 했으나 잠시 후에 연회를 시작하게 된다. 핀커톤은 부인쪽으로 가서 과자를 권하는데 나비부인은 여러가지를 그에게 보인다. 여러가지 물건을 내놓고 나중에는 품속에서 아버지의 유물인 단도를 내놓는다. 그것을 본 고로는 핀커톤에게 그것을 그녀의 아버지가 황실로부터 단도를 함께 죽음을 명령박았던 것이라고 말한다. 다시 나비부인은 불상을 내버리며 교회에 가서 무릎을 꿇고 기도를 하자고 하면서 개종할 결심을 이야기

한다.

결혼등기가 거의 끝날 무렵, 승려인 백부가 흥분하여 나비부인을 부르며 나타나 그녀가 개종한 일과 선조와 친척들을 버린데 꾸짖는다. 그 때 핀커톤은 그를 내쫓는데 이에 놀란 친척들도 모두 나가버린다. 핀커톤은 신부를 위로하며 사랑의 2중창을 부른다. 잠옷으로 갈아 입은 핀커톤은 '나비부인, 아름다운 그 눈, 이제는 나의 것, 흰 옷에 검정머리 아름다운 그 깨끗함'을 부르고 계속해서 나비부인이 '아! 즐거운 밤이여'를 노래한 후 함께 방으로 들어간다.

제2막 나비부인의 집

제1막으로부터 3년이 지난 봄이다. 스즈끼는 불상 앞에서 종을 치면서 3년 전 결혼한 후 출국해 돌아오지 않는 핀커톤을 기다리고 있는 나비부인을 위해 기원하고 있다. 나비부인은 일본의 신을 태만하여서 빌어도 소용이 없다고 말한 후 이제는 돈도 얼마 남지 않았다고 서로 이야기한다. 스즈끼는 핀커톤이 돌아온다는 것을 의심하지만 나비부인은 반드시 돌아오리라 믿으며 '어떤 개인 날(Un bel di vedremo)'이라는 아주 애절한 아리아를 부른다. 이때 고로와 샤플레스가 나타나는데 나비부인은 기뻐하며 그를 영접한다. 샤플레스 영사는 핀커톤이 미국에서 정식으로 다른 여자와 결혼했다는 편지를 전하려고 왔지만 나비부인의 말을 듣고 나서 편지 이야기를 꺼내지 못한다. 그런데 고로는 나비부인의 마음을 돈 많은 야마도리 공작에헤 향하게 할려고 권유하지만 그녀는 핀커톤을 신임하고 나에게는 이미 정해진 사람이 있다 하면서 거절한다.

그러나 샤플레스와 고로, 야마도리는 핀커톤이 얼마 안 있어 이 곳에 돌아오는 것을 이미 알고 있다. 야마도리가 간 뒤에 샤플레스는 편지를 나비부인에게 보이면서 '편지의 2중창'을 노래한다. 편지의 내용은 이미 떠난 지 3년이 되었으니 자기를 잊었을 것이라고 보지만 만약 기다리고 있다면 미국에서 정식으로 결혼을 하여 돌아갈 수 없다고 체념해 달라는 내용이었다. 그러나 나비부인에게 동정이 간 샤플레스는 끝까지 편지를 읽을 용기가 없어 만약에 그가 돌아오지 않는다면 어떻게 하겠느냐고 묻는다. 그러자 그녀는 창백한 얼굴로 다시 기생이 되든지 죽든지 둘 중 하나라고 대답한다. 샤플레스는 부드러운 말로 위로하면서 야마도리 공작의 소원을 들어주는 것이 어떻냐고 다시 권해 보지만 푸른 눈의 아이를 안고 나와서 그의 아들이 아빠가 돌아오는 것을 기다리고 있다고 전해 달라며 부탁한다. 무슨 말을 해도 소용이 없는 나비부인의 탄식하는 말에 샤플레스는 아연히 일어나 아이에게 입을 맞추고 이름을 묻자 '지금은 괴로움이지만 그이가 돌아오면 기쁨'이라고 대답한다.

샤플레스가 퇴장하자 스즈끼는 고로를 붙들고 흥분하여 대든다. 그것은 고로가 나비부인의 아들을 아비 없는 아이라고 건드렸기 때문이다. 그러자 나비부인은 단도를 꺼내 가지고 위협하면서 두번 다시 그런 말을 했다가는 용서하지 않겠다고 한다. 이때 갑자기 항구에서는 대포소리가 나면서 군함의 입항을 알린다. 망원경을 가지고 그곳을 바라본 나비부인은 미국의 성조기가 보이는 것을 보고 기뻐 놀라며 정원에 나가서 스즈끼와 같이 벚꽃을 따서 방에 뿌리며 '꽃의 이중창'을 부른다. 노래가 끝나자 나비부인은 거울 앞에 앉아 화장을 하기 시작하고 아이에게도 화장을 시킨다. 나비부인은 결혼할 때 입었던 추억의 의상을 입고 핀커톤이 돌아오는 것을 기다린다. 저녁이 되자 피곤한 스즈끼와 아이는 잠들었는데 멀리 뱃사공들의 노래가 허밍으로 들려 오는데 나비부인은 창문을 기대어 새겨 놓은 조각과 같이 움직이지 않고 홀로 서서 그를 기다리고 있는데 막이 내린다.

간주곡이 연주된 후 막이 열리면 새벽이 된다. 지난밤 한잠도 자지 못한

나비부인은 의연히 항구있는 쪽을 바라보며 서 있다. 스즈끼가 일어나 핀
커톤이 나타나면 바로 알릴 터이니 조금 자보라고 권한다. 나비부인은 잠
든 아기를 안고 2층으로 올라간다. 이때 핀커톤이 샤플레스와 함께 나타난
다. 그녀는 놀라며 나비부인이 3년 동안을 기다리고 있던 중 오신다는 소식
을 듣고 어젯밤은 꽃을 방에 뿌리고 밤을 샜다는 이야기를 핀커톤에게 한
다. 그리고 그가 본국에서 결혼한 아내 케이트를 데리고 나타난 것에 그녀
는 탄식을 한다. 영사는 핀커톤, 스즈끼, 샤플레스의 3중창이 벌어진다. 이
때 핀커톤은 '안녕 사랑의 꿈이여'라는 말로써 시작하여 이별을 고하는 아
리아 '잘있거라 꽃피는 사랑의 집'을 노래한 뒤 더 있을 수 없어서 샤플레
스에게 뒷처리를 맡기고 퇴장한다.

핀커톤의 부인 케이트와 스즈끼가 정원에 나타난다. 케이트는 스즈끼에
게 아이를 맡겨주면 친자식처럼 귀엽게 키우겠다고 말하지만 스즈끼는 그
렇게 되면 나비부인이 불쌍하다고 슬퍼한다. 이때 스즈끼의 이름을 부르며
나비부인이 나와 분위기로 케이트가 핀커톤의 부인이라는 것을 알게 되고
그녀는 이제는 마지막이다라고 말하며 절망적으로 쓰러지려고 한다. 그리
고 샤플레스로부터 아이의 행복을 위해 핀커톤에게 주라는 말을 듣고 비탄
에 빠지며 케이트에게 행복을 빌고 30분 뒤에 핀커톤이 오면 아이를 양도
해 주겠다고 약속한다.

영사와 케이트가 가버린 뒤 크게 충격을 받은 나비부인은 밖이 너무 밝
다고 창문을 닫고 스즈끼를 내보낸다. 그녀는 불상 앞에 꿇어 앉아 아버지
의 유물인 단도를 꺼내 놓고 장에서 흰천을 내어 병풍에 건다. 그리고 칼에
새겨진 '명예롭게 살지 못할 때에는 명예롭게 죽는 것이 낫다'라는 말을
읽고 목을 찌르려 하는데 스즈끼가 아이를 들여 보낸다. 그녀는 아이를
껴안고 '귀여운 아가야, 엄마는 죽어간다, 사랑스러운 착한 아가, 이 엄마
의 얼굴을 기억해다오'라는 극적인 아리아를 부른다.

노래를 끝내고 나비부인은 아기에게 미국 국기와 인형을 가지게 한 후 눈을 가린다. 그리고 그녀는 병풍 뒤에서 자결하는데 칼 떨어지는 소리가 나자 흰수건으로 상처를 가리고 병풍 뒤에서 기어나와 쓴 웃음을 띠며 아이를 안으려 하나 맥없이 쓰러져 버린다. 이때 '나비부인' 하고 부르며 핀커톤이 영사와 함께 등장한다. 그러나 그녀는 아이를 가리킨 채 절명해 버린다. 놀란 나머지 샤플레스는 아이를 껴안고 피커톤은 시체 위로 몸을 던지는데 막을 내린다.

이 작품을 아쉽게도 직접 본 적은 없다. 이 작품은 투란도트보다 먼저 쓰여졌고 투란도트와 함께 동양을 배경으로 했다는 것으로 많은 주목을 받는다. 참 흥미로운 점은 이 오페라를 통해서 일본의 문화를 잘 알 수 있다는 것이다. 투란도트에서 볼 수 있었던 것은 무대연출, 의상에서 느낄 수 있는 면에서의 중국 문화였지만 나비부인에서는 승려가 등장하는 것과 또한 결혼식의 모습 등……그리고 종교에 관한 문제들 여러 가지 동양문화에 대해서 더 잘 볼 수 있다. 푸치니가 어떻게 했다기 보다는 각각의 원작이 성격이 다르기에 그러한 것이 아니까 한다. 투란도트의 원작은 중국에 대한 상상으로 쓰여진 각본이었기 때문이다.

오페라는 원래 이렇게 두 작품은 각각 중국, 일본을 배경으로 한 오페라로써 오페라 시장의 본거지인 유럽에서 크게 사랑 받는 작품이라고 할 수 있다. 유럽인의 정서에 잘 부합하지 않을 것 같은 위의 두 동양을 배경으로 한 오페라도 이미 유럽인들에게 호평을 받고 있다.

2.5 각색을 할 경우의 오페라 춘향전

'오페라'는 장르는 음악 연기뿐만 아니라 무대와 의상 또한 빼놓을 수 없는 요소이다.

개인적으로는 각색을 거치지 않고 그대로 시장에 내 놓았으면 하지만 요즘 유럽에서도 대세는 기존의 오페라를 무대. 의상을 각색에서 새로운 버전으로 무대에 올리는 것이다 보니 만일 각색을 생각한다면 다음과 같이 시도해 볼 수 있다.

1) 가사를 독일어로 바꾼다.

조금더 친근하게 독일인들에게 다가갈 수 있고 더욱 원어적인 맛이 살아나서 작품성이 살아날 수도 있다.

2) 가사 외에도 배경을 바꾼다.

중세시대로 하여 무대, 의상을 모두 유럽인의 정서에 맞게 바꾸고 등장 인물의 직업, 특징도 그 시대에 맞게 바꾼다. 한국에서도 오페라를 현대극 으로 바꾸어서 각색하는 것이 유행이다.

그러나 처음 오페라 춘향전을 유럽 시장에 내 놓을 때에는 각색을 하지 않고 그대로 유럽시장에 내 놓는 것이 한국의 오페라를 알리는 데 더욱 큰 기여를 하지 않을까 한다. 조금 더 춘향전이 인지도를 얻으면 한번쯤 각색을 해 볼 만하다.

3. 시장성 평가

기업이 존재할 수 있는 가장 원초적인 조건은 바로 소비자일 것이다. 풍부하고 안정적인 소비자가 존재할 때 기업은 성장할 수 있고, 건강한 생명을 유지할 수 있다. 만약 기업이 진출하려는 시장에 소비자 층이 얇다면 그 기업은 곧 그 생명력을 잃을 것이다. 즉, 기업에 있어서 시장성 평가는 사업 성패의 기초가 되는 중요한 작업이다. 기초공사가 튼튼해야 튼튼한 건물이 지어지듯 탄탄한 시장성 평가는 기업 성장에 주춧돌을 마련한다. 이는 기업뿐만 아니라 공연예술에서도 마찬가지이다. 공연예술 역시 공연시장에 진출하여 관람객이라는 소비자에 따라 그 성공여부가 결정된다. 또한, 공연예술은 관람객에게 좋은 공연을 보여주는 목표뿐만 아니라 기업과 같이 수익창출도 하나의 목표이기에 시장성 평가는 매우 중요하다. 특히, 우리가 기획하는 상품은 우리의 전통 예술인 춘향전을 오페라로 각색하여 독일이라는 새로운 시장에 수출하는 것이기에 상품을 수출하기 전에 그에 대한 시장성을 평가하는 일이 선행되어야 한다. 그렇기에 우리는 '오페라 춘향전'에 대한 기회요인과 강점뿐만 아니라 위협요인과 약점을 동시에 살펴서 그것을 어떻게 극복할 것인지에 대해서도 다루어 보도록 하겠다.

3.1 기회요인

1) 독일의 탄탄한 공연 인프라 체계

독일에서는 매년 3,500만의 관객이 연극이나 콘서트를 찾는다. 그리고 1년이면 11만 회의 연극 및 무용 공연, 7천여 회의 콘서트가 개최된다. 이렇게 많은 공연이 열릴 수 있는 데는 150개의 공립극장, 280개의 사립극장, 130개의 오페라, 심포니, 실내 오케스트라, 40개의 축제를 포함한 다양한 공연 인프라가 구축되어 있기 때문이다.[37] 이런 독일 공연예술 문화에서

---

37) 통독 수도 베를린의 젊은 문화공간 -베를린 민중극장을 중심으로-, 박은영, 한국문

인프라 구조의 특징은 자치정부의 지원제도, 지방 분산적인 공립극장의 활발한 활동, 다양한 예술 축제의 개최, 고정 관객층의 형성이라고 할 수 있다.

우선 자치정부의 지원제도에 대해 살펴보자면, 각 지방이 역사적으로 오랫동안 독립성을 유지했던 독일어권 (독일, 오스트리아)에서는 오늘날에도 지방분권제에 의해서 각 자치정부가 독자적으로 공연예술 단체를 후원한다. 그래서 독일의 후원방식은 '지역적 후원(local subsidy)' 이라고 불리는데, 공공극장 (국립, 주립, 시립극장)은 예산의 거의 전액을 주정부, 시정부로부터 받는다. 각 자치단체마다 후원율은 다르지만, 독일의 공립극장들은 1994~1996년 기간동안 연간 총지출의 75~95% 가량을 지원받았다. 이것은 독일어권에서 중세부터 내려온 전통에서 유래된 것으로서 문화 보호와 육성에 대한 통치자의 책임이 강조되었으며, 오늘날에도 문화예술은 '공적인 임무'로 여겨지고 있기 때문이다. 이러한 제도는 공적인 지원으로 인해 공연예술이 영리 목적에 치우치지 않고 상업화를 방지할 수 있으며, 국민의 정신 교육과 정서 함양에 도움을 줄 수 있다고 보는 문화적 전통이 독일어권에 있기 때문이다. 또한 독일에서의 연극문화는 19세기 초반 이후 괴테와 쉴러 같은 문호에 의해서 확립되었으므로 공연예술기관을 교육장소라고 보는 전통이 생겨났다. 즉, 독일 정부는 공연을 통한 수익창출을 기대하기 보다는 파격적인 지원으로 국민에게 좋은 공연을 보여주려 하기에 '오페라 춘향'의 작품성이나 완성도가 독일 공연예술 관계자에게 어필한다면 충분히 시장 진출 가능성이 높다.

또한 독일에는 정기적인 공연행사 외에도 연극제, 예술축제행사 같은 문화적 이벤트가 연극문화 형성에 많은 기여를 한다. 독일의 여러 도시에

화예술진흥원, 2003

서는 각기 특색 있는 축제가 거행되는데, 3년마다 도시를 바꾸어 가며 열리는 '세계연극제(Theater der Welt)', 2년마다 열리는 유럽 최신 희곡·연극축제인 '본 비엔날레(Bonner Biennale)', 그리고 매년 열리는 행사들로는 지난 1년 시즌 동안 독일어권 무대에서 화제작·문제작을 초청하는 '베를린연극제', 독일어권에서의 주목받는 최신 희곡들의 공연축제인 '뮐하임 연극제'와 '뮌헨 오페라 축제' 등과 같은 연극행사들이 있다. 음악 연주회를 중심으로 무용, 연극공연이 곁들여지는 종합적인 축제행사들로는 '베를린 축제', 서부 지역의 '루르 축제', 남동쪽 호숫가에서의 '브레겐츠 축제', 그리고 오스트리아에서는 잘츠부르크 축제, 비엔나 축제주간 등이 열린다. 그리고 특별히 축제행사가 거행되지 않는 관광지, 휴양지(하이델베르크, 바덴바덴 등)에서도 수시로 그 지역의 무명연주자들이나 예술대학생들의 여름 음악캠프 연주회, 혹은 연극공연이 있는 등 독일에서의 예술 축제는 매우 다양하다.[38] 이런 예술 축제는 영화제의 성격을 띠고 있는데, 오페라와 같은 공연이 축제에 껴 들어가는 찬조 성격이 아니라 공연이 중심이 되는 축제이다. 영화제에서 상영한 영화가 문화애호가나 관람객에게 큰 관심을 받듯, 예술축제에서 오페라가 공연된다면 제작비 절감 등의 여러 가지 효과를 볼 수 있다. 우리가 직접 공연을 기획해 독일 극장을 대관하고 마케팅까지 전담해서 한다면 그 제작비는 수 억 원대에 이르러 공연이 대성공을 거두더라도 수익을 내기 어려울 것이다. 그런데 예술축제에서 공연이 된다면 대관이나, 관람객 모집 등과 같은 문제들은 그 쪽에서 다 해결을 해주고 우리는 공연에만 집중할 수 있기에 작품의 질도 올라가며 효율적으로 공연을 할 수 있게 되는 효과가 있다. 또한 축제에서 관람객들의 호응을 많이 얻게 되면, 위험부담이 적게 독립적인 공연으로도 나설 수 있다는

---

38) 정부의 풍부한 지원, 생활속의 공연문화, 이상면, 한국문화예술진흥원, 1999

장점이 있다. 그 예로, 유럽시장에서 극찬을 받은 안은미의 춘향은 '월드 뮤직 시어터 페스티벌'에 초대된 작품이다. 이 작품은 '월드 뮤직 시어터 페스티벌' 측이 제작비, 공연장 대관, 홍보 마케팅 등 대부분의 경비를 부담하고 중앙국립박물관문화재단이 일부 경비를 지원했다. 이 작품을 제작한 안은미는 작품만 안무하면 되는 공동제작 형식이었다. 6억 원의 경비가 소요되는 대형 프로젝트였지만 돈 한 푼도 부담하지 않고 공동제작 형식으로 받을 값 모두 받으며 공연에 나섰다.

2) 고정 관객층의 형성

1)에서도 언급했던 것과 같이 독일 정부는 공공의 지원을 통해 극장의 지나친 상업화를 막고, 국민에게 수준 높고 교육적 내용이 풍부한 연극 관람 기회를 제공한다는 정책적 목표를 두고 있다. 그만큼 독일 국민들은 경제적 요인에 얽매이지 않고 여가시간에 공연예술을 충분히 향유할 수 있다. 또한 독일 국민은 어려서부터 연극문화에 익숙해 있기에 이들은 여가시간을 공연 관람으로 보내고, 공연장에서 친구들을 만나는 것이 익숙한 계층이다. 이런 배경에는 학교에서의 문화교육이 중요한 역할을 하고 있으며, 공연예술 관람을 하면서 여가 선용을 하는 생활문화가 직접적으로 작용하고 있다. 그리고 편리한 교통시설, 여유 있고 개인주의적인 일상생활은 이러한 공연문화를 즐기는 것을 가능하게 해준다. 독일의 직장인들은 보통 오후 3~4시경에 퇴근하고, 회식이나 동창회 같은 집단적 모임이 없기에 이러한 문화가 가능한 것이다. 즉, 우리나라와 달리 공연예술의 관람이 특별한 행사가 아닌 영화 관람과 같이 일상적이기에 고정적 관객이 형성되어 있다고 볼 수 있는 것이다. 또, 예술축제에 공연을 올린다면 관객을 따로 모으지 않아도 저절로 확보되기에 관객 수를 걱정하지 않아도 된다.

3) 한국의 인지도 상승[39]

우선 한국은 2002년 월드컵을 주최하고, 4강에 진출하는 쾌거를 이루며 세계 속에 한국의 이름을 널리 알렸다. 또한 2006년 월드컵을 독일이 주최하면서 한국에 대한 독일의 관심도 남다르다. 독일 초 · 중 · 고등학교에서는 월드컵을 기회로 다른 나라 문화에 대해 친숙해지고 국제 감각을 기르기 위해 각 국가들에 대한 교육도 하고 있다. 아래의 사진에서 볼 수 있듯이 독일학교에서는 한국 학습의 기회를 마련하고 있었는데, 한글 공부, 붓글씨 쓰기, 한국 요리 배우기 등의 행사가 열릴 뿐만 아니라 '한국의 역사와 지리 알기'라는 의미 있는 수업도 진행하고 있었다.

40)

---

39) 이 단락은 「연이은'한국의 날 행사'로 독일이 뜨겁다, 김기태, 국정홍보처, 2005」를
    전체적으로 참고하였다.
40) 위: 한글 특별 수업을 받는 학생들, 아래 좌측: 한글 붓글씨 강좌에 참여한 독일

2005년은 한국의 해로 독일에서는 각종 한국관련 행사가 열렸다. 2005년이 시작되자마자 1월 베를린 독일역사박물관에서 개최한 '한국 예술 영화제'에서 '아름다운 시절' 등 17편의 영화가 22회 상영된 데 이어, 슈투트가르트 CMT 관광박람회에서는 '봄, 여름 가을 겨울 그리고 봄' 등 18편의 영화가 상영된 '한국영화의 달' 행사가 개최됐다. 또한 2월 '베를린 국제영화제'에서는 임권택 감독이 명예황금곰상을 수상한 것과 더불어 임권택 감독 특별회고전이 마련되어 임 감독이 제작한 총 99편의 영화 중 '서편제', '태백산맥', '춘향뎐', '씨받이' 등 20편을 엄선하여 3월말까지 매일 2편씩 베를린 시민들에게 선보였다. 또한 라이프치히 도서전 계기로 3월 4~10일 기간 나토(NaTo)극장에서 '오아시스' 등 11편의 한국 영화 특별전이 개최된 데 이어 독일 개봉관에서도 '올드보이', '천년호' 등의 한국영화가 지난해 9월부터 상영되었으며, 추가로 '태극기 휘날리며', '실미도' 등 8편의 영화가 상영되어 독일에 한류 영화의 바람이 불기 시작했다. 독일내의 한류바람은 한국영화뿐만 아니라 세계 최대의 컴퓨터박람회인 CeBit, 베를린의 ITB 관광박람회 참가를 통해 더욱 거세졌다. 또한 2005년 뤼벡, 볼프스부르크 등의 독일 10개 중소도시를 순회한 난타공연이 한국 혼을 독일에 심어준 데 이어 KBS 교향악단이 루드비히스하펜, 본 비스바덴 등 독일 도시에서 공연되었다. 또한 2005 프랑크푸르트 국제도서전 주빈국인 한국은 3월 14~20일 기간 라이프치히 도서전을 사전 홍보 계기로 적극 활용, 황석영, 이문열 고은, 이호철 등 한국작가 17명이 드레스덴, 예나, 바이마르, 라이프치히를 순회하는 문학포럼을 개최하였다. 2005 아시아-태평양 주간에서는 '중점국가'로 선정되어 개막식에서 국립국악원의 '수제천', '영산회상'의 연주가 울려주었고, 박물관섬에서부터 중심가인 운터덴 린덴 거

학생, 아래 우측: 한국 요리인 잡채 만들기 실습을 하고 있는 독일 학생
출처: http://allim.go.kr/jsp/nat_img/nat_img_column_view.jsp?id=135091321

리를 통해 개막식장 밖까지 전통음악을 연주하는 취타대의 퍼레이드를 통해 한국의 소리와 리듬이 울려 퍼졌다. 또한 아태주간 행사 주공연장인 세계문화의 집에는 이윤택의 창극 '제비', 국립국악원의 '정악' 연주, 안은미의 현대무용, 안애순의 무용, 그리고 야외 특별무대에서는 황해도 철물이 굿, 줄타기 등의 한국의 소리와 리듬이 연주되었다. 행사기간 동안 베를린 축제 극장에서는 국립극장이 'Korea Fantasy' 공연이 개최되고, 베를린 동아시아 박물관에서 '고구려 고분 벽화전' 및 '한국 현대회화전시회'가 개최되고, 베를린 마르짠구에 서울공원이 조성되며, 승효상 건축전시회와 엄태정 청동조각전시회 그리고 한국애니메이션 영화주간, 서울시 국악관현악단 공연, 서울무형문화재 작품전, 청계천 복원사진전, 재독 연극단체 살풀이 극단의 '바리공주' 공연 등 한국 문화 관련 프로그램들이 베를린 곳곳에서 진행되었다.

41)

2005년 한 해 동안 독일 전역에서 400여 개의 한국 문화행사가 펼쳐져 한국문화가 독일 내에 알려졌다. 이는 독일 국민들에게 한국의 이미지를 확고히 심어준 계기가 되었으며 한국에 대한 관심을 높여 주었다. 그렇기

41) 아태주간행사 개막식 포스터 사진
　　출처: http://www.allim.go.kr/jsp/nat_img/nat_img_column_view.jsp?id=135091321

에 이런 독일인들의 한국에 대한 관심을 오페라 '춘향'과 연관시킨다면 성공 가능성을 볼 수 있다.

4) 풍부한 한국인 성악가

한국인들의 독일유학은 매우 활발하다. 이는 최근의 상황만이 아니라 80년대부터 꾸준히 이어진 것이다. 또한 최근의 한국의 성악가 지망자는 고교생 단계에서 독일 유학을 목표로 해 독일어 공부를 시작하거나, 독일의 음악대학을 목표로 시험을 준비하는 사람도 있다. 이러한 모습은 독일의 명문 퀼른 음대에 한국인 바리톤 나유창 씨가 오페라를 강의하는 교수에 임명된 것에서도 잘 나타난다. 또한, 퀼른 음대 재학 중인 1800명 중 100명이 한국인이며, 한국인 졸업생은 1000명이 넘는다. 이러한 현상은 일본의 성악가계를 위협하고 있는데 2005년 5월 24일 아사히신문에서는 독일 관련 특집으로 '성장하는 한국, 정체하는 일본 독일의 성악가 사정'이란 제목의 글로 독일 오페라 계에서 한일간의 차이를 우려하는 시선을 드러냈다. 즉, 독일 오페라 계에서 한국인 성악가들은 어느 정도 위치를 잡은 것으로 보인다. 그렇기에 우리의 오페라 공연에서 독일 현지에서 활동하고 있는 가수들을 활용한다면 여러 모로 도움이 된다. 우선, 독일 현지에서 활동하고 있기에 독일 현지의 사정을 잘 파악하고 있으며 독일에서의 별다른 적응이 필요하지 않다. 또한 배우들의 숙소나 비행기 이동 문제 등을 신경 쓰지 않아도 되기에 제작비 절감 효과도 크다. 그러므로 우리는 현지에서 오디션을 통해 배우들을 선발하고, 제작도 그와 같이 해나가 효율적인 제작 시스템을 만들 수 있다.

5) 한국작품의 연이은 유럽시장 진출

최근 한국작품은 유럽시장에 꾸준히 진출해 유럽인을 사로잡고 있다. 우선 무용작품은 큰 호평을 받고 있는데, 특히 우리 고전을 무용으로 표현한 작품이 큰 인기를 얻고 있다. 프랑스 리옹의 '메종 드 라 당스'에서 공연된 심청은 한국 무용의 전통미와 현대적 감각의 세련미가 조화를 이루고 판소리가 어울려져 큰 호응을 끌었다. 또한 현대무용가 안은미는 춘향을 무용으로 표현했는데, 화려한 한복 의상과 서양인의 신체로는 표현하기 힘든 날렵한 움직임과 곡선미로 큰 성공을 이끌어 냈다. 그러나 이는 비단 무용뿐에서만이 아니다. 우리가 기획하는 '오페라 춘향'과 같이 고전을 이용한 창작 오페라가 독일에 진출한 경우도 있었다. 국립오페라단은 오영진의 희곡 '맹진사댁 경사'를 원작으로 삼아 창작오페라 '시집 가는 날'을 2006년 3월에 독일 프랑크푸르트 오페라극장에서 공연했다. 즉, 이는 춘향과 같은 창작오페라가 처음 시도되는 것이 아니며 또한 한국의 이야기가 세계에서도 통할 수 있다는 점을 보여주어 오페라 '춘향'도 어느 정도의 가능성이 있다고 보여진다.

3.2 강점

1) 동양적 문화에 대한 호기심

앞선 보고서에서도 언급 했었지만 유럽의 관객들은 이제 매번 반복되는 똑같은 레퍼토리나 형식에 지겨워하고 있으며, 새로운 시도를 찾아다니고 있다. 이런 상황에서 동양적 문화는 서양인들에게 신선한 자극을 줄 수 있다. 이 점은 앞에서 예를 들었던 공연 작품에서도 잘 나타난다. 유럽에서 격찬을 받았던 무용 심청과 춘향에 대해 유럽인은 전통적 요소가 매우 인상적이었다고 말했다. 심청전에서는 한국 전통 무용과 판소리가 유럽인의 관심을 끌었으며 춘향전은 한복의상, 판소리, 족두리, 어사화 , 색동 초롱, 백정칼, 금돼지 등 한국적 아이템이 관객의 호기심을 자극했다. 또한 국악 연주를 경쾌한 라이브 연주로 생동감을 주어 한국적 요소를 현대적으로 풀이한 것도 인기를 끌었다. 즉, 오페라 춘향전에서의 무대 연출이나 의상, 음향 면의 한국적 요소를 최대한 부각하는 동시에 그것을 현대적으로 풀어 낸다면 독일인들에게 새로운 볼거리를 제공하여 독일인의 관심을 끌 수 있다.

2) 독일인들에게 생소하지 않은 춘향전

춘향전은 독일인에게 처음 소개되는 낯선 작품이 아니다. 임권택 감독의 '춘향뎐'은 한국영화 사상 최초로 제53회 칸영화제 경쟁부문에 진출하여 유럽의 문화애호가들에겐 어느 정도 스토리에 대한 이해가 쌓였다. 또 앞에서 말한 것과 같이 베를린 국제영화제에 임권택 감독이 명예황금곰상을 수상한 것과 더불어 임권택 감독 특별회고전이 마련되어 '춘향뎐'을 포함한 임 감독이 제작한 영화가 베를린 시민들에게 매주 2편씩 상영되기도 하였다. 이 뿐만이 아니라 춘향은 오페라가 아닌 다른 부문에서도 독일 국민에게 선보였다. 베를린에서 열린 아태주간 개막행사에서는 춘향전에서 사랑장면을 발췌하여 형상화한 사랑가 등이 선보였으며, 춘향전을 무용으로 표현한 공연도 선보였다. 즉, 춘향전은 독일인에게 전혀 낯설지 않기에 어느 정도 시도된 스토리이기에 독일인의 거부감을 어느 정도 줄일 수 있으리라 생각된다.

3) 보편적인 춘향전의 스토리

춘향전은 이몽룡에 대한 춘향의 사랑과 그리움, 기다림을 그려낸 작품이다. 즉 춘향전의 사랑이야기는 서양인들에게 낯설지 않은 어느 문화권에서 든 통용될 수 있는 보편적인 이야기라는 것이다. 외국 관객들을 공략하기에는 이런 보편적인 소재가 좋은데 그 이유는 한국 고유의 소재를 다룬 작품이라든가 한국 문화적 배경을 요하는 작품은 서양인들의 작품에 대한 이해가 부족해 작품에 충분히 몰입할 수 없기 때문이다. 그런데 이런 보편 적 사랑이야기를 다룬 춘향전은 서양인들에게 낯설지 않고 친숙하게 다가 갈 수 있다. 물론, 춘향이 절개를 지키는 모습이 성적으로 개방된 독일인에 게 통할까라는 의문이 제기될 수도 있다. 그러나 이 점은 하나의 예술 작품 이라는 성격에서 해소할 수 있다. 오페라 춘향전은 연극과 달리 독일인에 게 스토리의 전반을 완벽히 이해시키기 보다는 독일인들의 눈과 귀를 만족 시키는 데 목표가 있다. 한국적인 배경과 의상으로 독일인의 눈을 사로잡 고, 높은 음악적 성취도를 이루어 독일인의 귀를 즐겁게 하는 것이다. 또한, 예술 작품은 자신들과의 문화와 코드가 맞지 않는다고 배척시키기 보다는 다른 나라의 문화로 인정하고 개방적으로 볼 수 있다. 만약 문화적 코드가 다르다고 해서 공연이 보지 않는다면, 세계 곳곳에서 이루어지는 문화 작 품의 교류는 있을 수 없을 것이다. 또한 독일에서도 큰 성공을 거두며 공연 되고 있는 오페라 투란도트나 나비부인의 모습과, 오영진의 희곡 맹진사댁 경사를 원작으로 한 창작오페라 '시집가는 날'이 독일 프랑크푸르트 오페 라극장에서 공연된 예, 임권택 감독의 '춘향뎐'이 독일에서도 상영된 예를 보아서도 이런 우려는 충분히 씻길 수 있다고 본다.

3.3 위협요인과 약점, 그리고 그 대책

1) 오페라의 고장인 독일로 오페라를 수출하는 부담감

오페라는 이탈리아에서 발생하고 이탈리아에서 발달했기 때문에 18세기 중엽까지의 독일 오페라는 이탈리아 오페라의 완전한 영향권 안에 있었으며, 독일 오페라 작가들도 이탈리아 오페라의 양식을 따라 이탈리아어 대본에 의존하여 작곡하였다. 그러나 징슈필이 발전하고 19세기 바그너가 나옴으로 하여 독일의 오페라는 독자적인 형식을 이루었고 이제는 이탈리아와 쌍벽을 이루는 오페라 강국이 되었다.[42] 심지어 이탈리아 작품이 독일에서 공연될 때 독일어로 번역을 하기도 한다고 한다. 이렇게 오페라 강국인 독일에 우리나라의 오페라 공연을 올리는 것은 부담이 되지 않을 수 없다. 그러나 쉴러의 서거 200주년을 맞는 행사로 열린 쉴러 연극제에서 폐막공연으로 우리나라의 대표적 극단인 국립극단의 활약을 보면 오페라 춘향도 작품성에 심혈을 기울인다면 가능하다는 자신감을 얻을 수 있다. 국립극단은 쉴러의 '떼도적'을 독일에 역수출 하였는데, 우리 측 단원 스텝 40여명의 공연경비 일체와 공연 사례비까지 받고 공연이 성사되었다. 이에 대해 독일 일간지 taz는 "독일, 독일 고전을 한국에서 역수입 하라"라는 제목의 기사를 싣기도 했다. 또한 국내 마당극에서 흔히 볼 수 있는 관객들과 함께 어울려 노는 한 판 뒤풀이와 주최 측으로부터 받은 장미를 객석으로 던지는 등의 일을 벌여 무대와 객석이 엄격하게 나누어진 것이 익숙한 독일 관객들에게 새로운 경험의 기회를 선사했다. 이를 봐서도 한국의 문화코드는 독일과 분명 다르지만 그것이 독일인들에게 신선한 경험을 맛 볼 수 있는 기회로 작용하여 긍정적 효과를 냄을 알 수 있었다. 그리고 앞에서도 언급했듯이 독일인들은 계속되는 레퍼토리에 벗어나 새로운 것을 원하고 있기에 오히려 우리나라의 새로운 도전이 독일인들에게 좋은 시도로 인식될 수 있다.

---

42) 네이버 백과사전 '독일오페라' 검색결과, (http://100.naver.com/100.nhn?docid=48894)

2) 언어 상의 문제

오페라 춘향을 공연하기 위해서는 두 가지 방법을 생각할 수 있다. 우리 말로 공연하고 독일어 자막을 띄우는 방법과 독일어로 공연하는 방법이다. 독일어 자막을 띄우는 방법은 작품에 집중하기 어렵다는 단점이 있다. 이렇게 독일어 자막을 설치하는 것은 앞서 언급했던 연극 '떼도적'에서 그 모습을 보여줬다. 연극 '떼도적'은 독일어자막을 설치하여 한국어로 공연을 했는데, 독일어 자막의 완벽한 설치와 연습을 위한 시간이 부족하여 약간의 부족함을 보여주었다. 그리고 독일어로 공연하는 방법은 춘향전의 묘미를 살리지 못한다는 아쉬움이 있지만 관객들의 몰입을 가능하게 한다. 또한 독일어로 번역시 그 의사 전달이 제대로 되지 못할 수도 있다. 모든 번역에서 제기되는 문제가 그렇듯 번역은 정확히 이루어지기가 힘들기에 문제가 발생할 수밖에 없는 것이다. 그러나 독일어 자막을 쓰더라도 번역은 어차피 해야 하는 것이기에 이 문제는 피해갈 수 없다. 아무래도 우리 작품을 독일에서 공연하기에 이런 문제는 필수적으로 발생하기에 우리는 가능한 그 단점을 최대한 줄일 수 있는 방법을 찾아야 한다. 그러나 이 두 가지 방법 모두 장·단점이 존재하기에 어떤 것이 더 좋다고 확정할 순 없다. 오페라 춘향이 공연되는 상황에 따라 그 문제는 달라지기 때문이다. 그러나 우리 공연이 페스티벌에 참가하는 형식이기에 다양한 사람들에게 새로운 볼거리를 주고 우리 공연을 잘 알리는 데에 일차적 목표가 있기에 독일인들에게 좀 더 이해를 쉽게 하기 위해서는 독일어로 연극하는 것이 좋을 것이라 생각된다.

4. 오페라 춘향전의 마케팅

4.1. 사업목표

전반적인 마케팅 계획에 앞서 사업목표를 구체화할 필요가 있다. 왜냐하면 사업목표가 무엇이냐 따라 마케팅 방법이 크게 달라질 수 있기 때문이다. 한국의 창작 오페라를 독일에서 공연하되 무엇을 위해서 공연을 할 것인가가 관건이다. 우리의 사업목표, 즉 공연의 목적은 크게 두 가지로 생각해 볼 수 있다.

먼저 현지 교포들을 대상으로 하는 위문 공연 혹은 현지에 단순히 한국의 문화를 소개하는 것을 목적으로 하는 공연이 있다.[43] 현지 교포들을 대상으로 할 경우 이 같은 공연의 특징은 관람석을 차지하고 있는 대부분의 관객이 한국인이라는 것이다. 또 한국의 문화를 소개하고자 할 때에는 '소개'에 초점을 맞추기 때문에 흥미 위주의 작품을 택하기 보다는 우리 문화의 우수성을 알리기 위해 작품의 예술성에 더욱 치중하게 된다. 그렇게 되면 관객 동원력이 상대적으로 감소할 가능성이 크다. 그나마 자리를 잡고 있는 관객은 우리가 직접 초대권을 나누어 준 주요 인사와 문화계 관련 인사들이다. 이러한 공연 비용의 대부분은 정부나 관련 공공기관과 예술단체의 지원으로 충당된다. 상업적인 이익을 목표로 하는 것이 아니기 때문에 비용을 절약하거나 수익을 늘리기 위한 방안을 강구할 필요가 없다. 그저 공연할 작품에만 집중하면 되는 것이다.

다음으로 실제로 상업적인 이익을 목적으로 하는 공연이 있다. 상업적인 이익을 극대화하기 위해서는 고려해야 할 사항이 많다. 매표수입을 늘리기

---

43) 학회자료, 「뮤지컬 '난타' 기획자 송승환」, 『청소년문화포럼』3권, 2001.

위해서는 되도록 많은 관객을 동원해야 한다. 현지 교민의 수는 제한되어 있기 때문에 현지인들까지도 불러 모을 수 있어야 하는 것이다. 그러려면 효과적인 프로모션이 이루어져야 한다. 이러한 경우에는 사업의 규모가 매우 커질 수 있다. 이때 모든 비용을 정부의 지원이나 각종 단체의 기부에만 의존하는 것은 쉽지 않은 일이다. 가능한 한 매표 수입을 늘려야 하고, 적극적으로 스폰서들을 찾아 나서야 한다.

우리의 사업목표는 바로 한국의 창작 오페라인 춘향전을 독일 현지에서 공연함으로써 상업적인 이익을 창출하는 것이다. 이와 같은 사업목표에 맞추어 적절한 마케팅 전략을 뒤에서 차례로 살펴보기로 한다.

4.2 STP전략

일찍이 마케팅 분야의 대가인 필립 코틀러는 예술 분야도 마케팅 개념을 도입할 필요가 있다고 주장하였다. 특히 그의 대표적인 이론인 STP전략은 예술경영에서도 효과적으로 적용된다고 주장하였다. 사람들을 예술로 끌어 모으는 효과적인 마케팅은 조사로부터 출발한다. 소비자들을 더욱더 객관적으로 파악할 필요성이 절실하기 때문이다. 정확한 시장분석은 다른 세분시장 분석 결과에 따라서 한 개의 시장 혹은 그 이상의 표적으로 정하는 결정을 내리게 한다. 또한 시장의 구조에 따라서 다른 전략을 구사하는 포지셔닝의 근거를 제공한다.[44]

1) Segmentation

시장 세분화는 하나의 시장을 몇 개의 하부 시장으로 분석하는 과정이

---

44) 허순란, 『예술 엔터테인먼트 이젠 마케팅으로 승부한다』, 아진, 2005, p.28.

다. 이러한 접근은 전체 시장이 하부 시장, 즉 세분시장으로 구성되어 있다는 관점에서 출발한다. 더욱 정확한 세분화를 위해서는 단일 기준에 의한 시장 세분화보다는 여러 가지 기준을 가지고 시장 세분화를 하는 것이 좋다. 시장세분화에는 지역별, 인구통계상 세분화(성별, 나이별, 직업, 소득 그리고 종교 등), 심리적 세분화(개인의 성격과 같은 가치와 의견에 관계된 변수 및 생활양식에 의한 분화), 제품 소비로 얻는 편익에 따른 세분화, 그리고 틈새시장에 의한 세분화가 있다.[45]

현재 주어진 여건에서 독일의 오페라 시장을 정확히 분석한다는 것은 무리가 있다. 효과적인 마케팅을 위해서는 반드시 거쳐야 할 절차이지만 현실적으로 문제의 해결이 어려우므로 시장 세분화가 어떻게 이루어지는가를 알아보는 선에서 마무리하고자 한다.

예컨대 독일 시장을 나이, 교육 수준, 소득, 지역이라는 기준을 가지고 세분화할 수 있다. 나이에 따라서는 8세 이하의 어린이, 20세 이하의 청소년, 그 이상의 성인 그리고 60세 이상의 노인으로 세분화가 가능하다. 교육 수준에 따라서는 최종학력이 중등교육인 자, 고등교육인자 정도로 세분화할 수 있다. 소득을 기준으로 크게 저소득층, 중산층, 고소득층으로 세분화가 가능하고, 지역을 기준으로 타문화에 대해서 배타적인 지역과 배타적이지 않은 지역으로 구분해 볼 수 있다.

2) Targeting

표적시장이란 특정 제품이 마케팅 되는 세분시장을 의미한다. 표적시장을 정하는 것은 판매자가 주요 세분 시장을 파악한 후 한 개 혹은 그 이상

---

45) 앞의 책, p.29.

의 세분 시장을 공략해야 할 시장으로 선택하는 것을 의미한다. 이러한 선택은 회사가 마케팅 프로그램을 펼쳤을 때 가장 쉽게 반응할 시장을 찾아서 그에 알맞은 마케팅 노력을 기울이는 것을 의미한다. 코틀러는 표적시장 설정이 시장에서 성공할 수 있는 전략적 기본 틀이라고 말할 정도로 표적시장을 중요하게 여기고 있다.[46]

그렇다면 우리의 표적시장은 어디가 될 것인가? 위에서 예를 들어 세분화한 시장을 고려하면 먼저 8세 이하의 어린이는 표적시장에서 제외하는 것이 좋을 것이다. 8세 이하의 어린이가 이해하고 즐기기에 오페라는 너무 어려울 것으로 보인다. 때문에 자리에서 산만하게 행동함으로써 다른 관객이 오페라를 감상하는 데 오히려 방해가 될 수 있다.

교육 정도에 있어서는 고등교육까지 이수한 자가 적절할 것이다. 오페라와 같은 공연예술의 소비성향은 후천적으로 형성된다고 보는 것이 일반적이다.[47] 그리고 이러한 소비성향이 형성되어야만 공연예술을 계속적으로 소비할 수 있다. 항상 그런 것은 아니지만 고등교육을 받은 사람이 오페라와 같은 고급 공연예술을 접해볼 기회와 가능성이 많다.

소득 정도에 따라서는 중산층이상이 적절할 것으로 판단된다. 오페라와 같은 공연예술은 살아가는 데 꼭 필요한 것이 아니다. 일반적으로 기본적인 생존문제가 해결되었을 때 생활의 여유를 즐기는 한 방편이 공연예술이다. 따라서 공연예술은 사치재에 해당한다고 할 수 있다. 이러한 사치재에 대한 수요는 저소득층에서 발생할 일이 거의 없다. 그러므로 중산층 이상은 되어야 오페라에 대한 실질적인 수요자가 될 수 있을 것이라고 예측할

---

46) 허순란, 『예술 엔터테인먼트 이젠 마케팅으로 승부한다』, 아진, 2005, p.34
47) 김기영, 「지역 오페라단을 통해 본 오페라 티켓 수요 결정요인에 관한 연구」, 『음악과 민족』 20권, 2000.

수 있다.[48]

뮌헨과 같은 독일의 남부 지역은 보수성이 강한 것으로 알려져 있다. 독일 자체 안에서도 북부 지역에 대해 배타적인데 동양 문화에 대한 배타성은 분명 훨씬 심할 것이다. 그래서 지역적으로는 배타적인 남부지역을 피하는 것이 유리할 것으로 보인다.

3) Positioning

시장세분화가 분석적인 개념으로 이해된다면 포지셔닝은 전략으로 볼 수 있다. 시장 구조를 파악하고 난 이후에 포지셔닝 전략을 세울 수 있기 때문이다. 자사의 제품이나 브랜드를 경쟁자로부터 분리시킬 수 있는 한두 가지 특성을 찾아내는 것이 바로 전략적 포지셔닝이다.[49]

우리의 경쟁자는 바로 독일에 존재하는 전통적인 오페라이다. 이들 전통 오페라의 작품성이나 인기는 관객들의 인식 속에 이미 그 자리를 확고히 하고 있다. 때문에 우리가 오페라 춘향전을 가지고 기존의 전통 오페라와 같은 시장을 경쟁적으로 선점하고자 한다면 패배의 위험성이 매우 크다. 그러므로 우리는 관객들의 인식 속에 오페라 춘향전을 새롭게 각인시켜야 한다. 창작 오페라만의 독창성과 동양적인 한국의 미를 강조함으로써 전통 오페라를 피해 전략적인 포지셔닝을 해야 한다.

4.3 마케팅 믹스

---

48) 앞의 책.
49) 허순란, 『예술 엔터테인먼트 이젠 마케팅으로 승부한다』, 아진, 2005, p.36.

STP전략을 통해 적절한 표적시장을 선정했다면 해당 표적시장에 가장 효과적으로 침투할 수 있도록 마케팅 믹스라고 하는 4P(Product, Place, Price, Promotion)를 계획할 필요가 있다.

1) Product (제품)

예술경영에서 가장 기본이 되는 것은 예술 작품이다. 예술 시장은 수요와 공급의 원칙보다는 예술 작품의 예술성이 가장 우선시 되는 제품 주도형 시장이다.

예술작품은 '예술 소비자들이 지각한 실질적이거나 가상의 이익들의 집합'으로 정의될 수 있다. 일반적으로 제품이라는 용어는 서비스, 상품 혹은 경험을 의미한다. 그러므로 예술 작품 소비자들은 기술적인 차원이나 상징적 가치들로 나타난 이익을 구매한다고 볼 수 있다.

우리의 제품, 즉 오페라 춘향전에 대해서는 앞에서 이미 충분히 설명한 것으로 간주하고 더 이상의 자세한 설명은 생략하기로 한다

2) Place(유통)

예술경영에서 유통이란 '최소한의 비용으로 최대한의 관객을 예술기업과 연결시키면서 예술기업의 설립목적에 따른 윤리 경영을 실천하는 것'을 가리킨다. 잘 기획된 유통 마케팅은 더 폭 넓은 고객을 확보하고, 고객이 예술을 감상하는데 필요한 서비스를 향상시킨다. 유통 마케팅도 다른 마케팅 믹스 변수와 마찬가지로 고객을 최우선적으로 고려하여야 한다.[50]

예술마케팅에서 관계란 예술기업이 공급자인 동시에 때때로 다른 기관의 고객이 되기도 한다는 점에서 중요하다. 지속적인 고객 개발과 유지는

---

50) F.콜버트 외, 박옥진 외 옮김, 『문화예술 마케팅』, 태학사, 2005.

장기적으로는 예술기업의 흥망성쇠를 좌우하는 핵심요소이다.

유통은 예술 작품이 제작자나 예술가로부터 관객에게 전달되는 과정에 관련된 모든 최종 요소들의 관계를 다루면서, 공급을 효과적으로 조절하는 역할을 한다. 유통에는 이러한 관계 형성에 관련된 모든 사람들이 포함되며, 이러한 관계는 일종의 사회적 네트워크를 형성하여 개인 간의 관계가 전체 흐름을 좌우한다.

일반적으로 유통경로는 상품이 생산자로부터 소비자 또는 최종 수요자의 손에 이르기까지 거치게 되는 과정이나 통로를 가리킨다. 유통적 관점에서 예술적 경험은 유형적 제품이라기보다는 무형적 서비스와 밀접한 관계를 지닌다고 볼 수 있다. 이와 같이 관객이 예술 작품과 접하게 되는 모든 방법이 예술경영에서 유통경로에 해당된다. 그림과 같은 유형적 예술 작품이든, 공연과 같은 무형적 예술 작품이든 제작자는 이들 예술 작품을 공개할 경로를 결정해야 한다. 어느 도시를 순회할 것인지, 어느 공연장을 이용할 것인지 그리고 티켓 판매는 어떤 식으로 할지에 대한 결정은 공연의 성과에 큰 영향을 끼치는 중요한 마케팅 결정이다.

본 사업 구상의 경우 한국의 오페라를 바다 건너 독일까지 가져가야 하기 때문에 유통 문제가 매우 중요하다. 우리에게 사실상 가장 모범적인 선례는 '월드 뮤직 시어터 페스티벌'에서 '춘향'을 성공적으로 공연한 현대무용가 안은미의 사례이다.[51] 공연을 하는 데 소요되는 비용 6억 원을 한 푼도 부담하지 않으면서 받을 것은 다 받았다. 이는 페스티벌 주최 측에서 제작비, 공연장 대관, 홍보, 마케팅 등 대부분의 경비를 부담해 주었기 때문이다. 이처럼 페스티벌의 일환으로 참가하여 공연을 하게 되면 비용문제도

---

51) 문화일보, 2006.4.26.

해결될 뿐만 아니라 전반적인 마케팅 문제 자체가 해결된다는 장점이 있다. 공연장을 빌리고자 이곳저곳을 수소문 할 필요도 없고, 관객을 끌어모으려고 광고나 홍보에 힘쓸 필요도 없다. 이 모든 것이 페스티벌의 시너지 효과를 한 번에 해결될 수 있는 것이다.

비용 면에서 다시 생각해 본다면 오페라를 한 번 무대에 올리는 데에는 영화 한 편을 제작하는 것과 같이 천문학적인 비용이 든다. 때문에 그만큼 위험부담이 클 수밖에 없다. 혹시라도 공연이 성공적이지 못할 경우 엄청난 손해만 떠안을 수 있는 것이다. 독일에서는 오페라 관련 페스티벌이 꾸준히 열리고 있으므로 이러한 페스티벌에 참가하는 것이 유리할 것으로 보인다.

3) Price (가격)

예술경영에서 가격은 일반 제품의 가격 그 이상의 상징적인 의미를 지닌다. 예술 작품의 가격은 예술 작품의 질은 나타내는 주요 지표이다. 관객은 객관적인 가치 측정이 어려운 예술 작품에 대한 가치를 가격으로 대체해 관람 결정을 하기도 한다. 특히 가격 정책은 티켓 판매를 비롯한 모든 판매 수익을 결정하는 중요한 기준이 된다. 티켓 판매와 기타 부가 수익은 공공 보조와 스폰서에서 나오는 재정 보조와 더불어 예술기업의 주요 수입원이기 때문이다. 그러므로 예술작품의 가격은 예술기업의 성공적인 경영에 결정적인 역할을 하며, 예술기업의 마케팅을 구체화시키는 역할을 한다.[52]

가격 정책은 관객들이 소비하고자 하는 예술 작품을 파악하고, 예술 작품관람과 관련된 기존의 경험을 토대로 해서 관람할 작품을 비교 결정 할 수 있는 기준을 제시하는 것이다. 그래서 소비자들이 구입하는 것은 작품

---

52) F.콜버트 외, 박옥진 외 옮김, 『문화예술 마케팅』, 태학사, 2005.

그 자체뿐만 아니라 공연장의 분위기, 위치, 편의성, 명성 그리고 규모 등 매우 복합적이라는 것도 감안해야 한다. 적절한 가격 결정은 예술성과 상업성의 균형을 맞추려는 예술경영의 목적을 달성하기 위한 중요한 시발점이 된다.

그렇다면 우리가 택할 수 있는 가격 전략에는 무엇이 있는가?

먼저 스키밍 전략(skimming strategy)이 있다. 스키밍 전략은 기업이 자기 제품을 높은 가격으로 출시하여 판매되는 단위제품에 따라 최대의 이익을 거두는 것이다. 이 전략은 특정제품을 구매할 때 높은 가격을 지급할 의사가 있는 소비자를 표적으로 한다. 판매자는 판매를 많이 하지 않는 대신 높은 가격을 받아서 처음부터 높은 가격을 유지하는 것을 통해 얻어지는 부수적 혜택을 노린다. 추후에 기업에서는 가격에 민감한 소비자들에게 다가가기 위해 점차 가격을 낮출 수 있다.

한편 시장침투 전략(penetration strategy)은 가격을 최대한 낮추어 가능한 한 가장 많은 단위제품을 판매하려는 것이다. 기업은 단위제품 당 상대적으로 낮은 이익이 기대된다는 점을 알지만, 판매된 단위제품의 개수가 부수적인 이익을 발생시킬 것이라는 것을 안다. 이 전략은 넓은 세분시장을 대상으로 하며, 가격에 민감한 소비자들을 표적으로 한다.

공연예술의 수요에 대한 가격탄력성[53]은 일반적으로 비탄력적이다.[54] 다시 말해 가격이 많이 올라가도 수요가 별로 줄어들지 않고 가격이 많이 떨어져도 수요가 별로 늘어나지 않는다는 것이다. 공연예술을 즐기는 사람은 표의 가격이 다소 비싸졌다고 하더라도 크게 개의치 않고 보게 된다.

---

53) 가격의 변화에 대해 수요가 변하는 정도.
54) 김기영, 「지역 오페라단을 통해 본 오페라 티켓 수요 결정요인에 관한 연구」, 『음악과 민족』 20권, 2000.

반면에 표 값이 싸졌다고 해서 평소 오페라를 싫어하던 사람이 극장을 가능성 또한 작다. 그렇게 본다면 스키밍 전략이 매표수입을 증대하는 데 더 유리할 수 있다. 표의 가격을 높게 책정하더라도 수요자를 별로 잃지 않기 때문에 총수익은 오히려 증가할 것이기 때문이다.

하지만 문제가 그렇게 간단하지만은 않다. 앞서 공연예술은 사치재에 해당한다고 밝힌 바 있다. 때문에 공연예술 수요의 소득 탄력성[55]은 일반적으로 탄력적이다.[56] 즉 소득이 줄어들수록 공연예술에 대한 수요는 급격히 감소한다는 것이다. 소득이 적은 관객을 모으려면 가격을 최대한 낮춰야 한다. 소득이 적을 때 표의 가격이 높으면 오페라를 보고 싶어도 볼 수가 없다. 때문에 이 같은 경우에는 시장침투 전략이 더 나을 수 있다.

모든 상황을 종합해 볼 때 각 가격 전략을 아우를 수 있는 가격 차별화 정책(price discrimination)이 가장 이상적이다. 각종 공연예술에서 좌석배치에 따라 가격을 달리하는 것이 그 대표적인 예이다. 이렇게 하면 애당초 비싼 값을 지불하고도 작품을 볼 사람은 좋은 좌석 표를 구매할 것이고, 보고는 싶으나 재정적인 어려움에 고민을 하던 사람은 다소 불편한 자리더라도 싼 가격에 표를 구매할 것이다. 이 밖에도 시간대에 따라, 연령에 따라 가격을 차별화하는 것도 가격 차별화 정책의 일환이다.

결국 가격에 있어서는 사실상 크게 고민할 필요가 없다. 일반적인 오페라의 표 가격을 따라가면 그만이다. 소극적인 마음에 가격을 낮춘다고 해서 관객이 더 많이 모인다는 보장도 없다. 앞서 말했듯이 공연예술의 수요에 대한 가격탄력성은 비탄력적이기 때문이다. 또 표의 가격은 공연의 질

---

55) 소득의 변화에 대해 수요가 변하는 정도.
56) 김기영, 「지역 오페라단을 통해 본 오페라 티켓 수요 결정요인에 관한 연구」, 『음악과 민족』 20권, 2000.

을 대표하기도 하기 때문에 가격이 다른 작품에 비해 싸면 관객의 입장에서는 작품의 질도 낮다고 받아들일 가능성이 있다. 반면에 수익을 늘리고자 가격을 너무 높게 책정해도 문제가 있다. 우리의 오페라가 창작 오페라인 관계로 아직 그 작품성을 검증받지 못한 상태이다. 때문에 섣불리 표를 비싸게 팔았다가 그만큼 관객의 욕구를 질로써 채워주지 못할 경우 역효과를 불러일으킬 수 있다. 그러므로 가격에 있어서는 대세

를 따라가는 것도 크게 무리가 없을 것으로 생각된다.

4) Promotion (촉진)

프로모션은 고객에게 제공할 예술 작품이나 서비스에 관한 이익을 전달하는 활동으로 주로 광고, PR, 판매 촉진 그리고 인적 판매로 이루어진다. 프로모션은 기업의 메시지와 이미지를 전달하는 공식적인 의사소통의 수단으로 회사의 지명도, 태도, 지식과 인식에 대한 변화를 일으키는 수단이다. 이렇게 고객에게 직접 메시지를 전달하기 때문에 프로모션은 마케팅 중에서 가장 눈에 띄는 부분이다. 그래서 마케팅은 프로모션으로, 프로모션은 홍보로 좁게 해석되는 경향이 있지만, 원칙적으로 홍보는 프로모션의 일부분이며, 프로모션은 마케팅 믹스의 4대 변수 중 하나이다.

예술경영에서 예술작품은 이미 정해진 경우도 많고, 예술기업의 경우에는 유통이 정형화된 경우도 많고, 영화와 같은 경우는 가격에도 차별화의 여지가 적기 때문에 프로모션이 마케팅의 대부분을 차지한다. 게다가 프로모션은 기존의 고객뿐만 아니라 새로운 고객의 관심을 모은다는 고객개발의 측면에서도 아주 중요하다.

① Advertising

광고는 제품을 소비함으로써 받을 수 있는 이익을 표적시장에 전달하기 위해 돈을 지불하고 미디어에 노출하는 것이다. 광고는 많은 비용이 소요되지만, 효과적인 광고는 소비자가 여러 가지 다른 제품 중에서 해당 제품을 선택하도록 하는 강력한 메시지를 전달할 수 있는 장점이 있다. 그러므로 적절한 상황에 사용되었을 때에는 기업의 이미지 개선에 상당히 가시적인 효과가 있다.

　예술 기업은 광고의 막대한 비용을 감안하여 미디어에 작품의 기본적인 정보를 전달하는 정도의 광고를 하고 PR과 같은 다른 프로모션 방법을 병행하는 전술을 사용하고 있다. 광고는 PR과 달리 예술기업이 메시지를 비롯한 세부 사항을 통제할 수 있다. 신문을 예로 들면 내용, 길이, 사용 언어는 물론이고 주중 혹은 주말과 같은 요일, 광고 횟수, 추가 비용, 전면 광고와 같은 사항을 미리 해당 미디어와 의논할 수 있고 요구할 수 있다. 물론 이러한 통제 권한이 주어지는 데는 비용이라는 반대급부가 있기 마련이다.

　광고는 예술기업이 자체적으로 담당하기도 하지만 외부의 전문 광고 대행사에 의뢰하기도 한다. 광고대행사는 시장조사를 비롯하여 창조적인 메시지를 개발하고, 적합한 광고 미디어를 선택하고, 그들 미디어와 세부적인 협상과 예약을 하는 등의 종합적인 서비스를 제공한다. 광고에서 미디어의 선택은 목적과 기능을 수행하는데 중요한 몫을 담당한다. 광고 매체의 선택은 메시지의 효과적인 전달에 아주 중요한 역할을 하기 때문이다.

　우리가 생각해볼 수 있는 광고는 신문, 잡지면의 광고, TV광고, 포스터, 인터넷 배너광고 정도이다. 그런데 TV광고는 많은 비용을 필요로 하는 반면 그 효과는 크지 않다. 우리 오페라에 대한 정보를 그 짧은 광고 시간 안에 모두 전달 할 수 없기 때문이다. 신문, 잡지면의 광고나 포스터도 마찬가지이다. 모두 비용에 비해 효과가 많이 떨어진다. 인터넷 배너광고의 경우 일단 비용이 저렴하다는 이점이 있다. 또 한 번의 클릭을 유도함으로써 많은 양의 정보를 웹사이트를 통해 제공할 수 있기 때문에 가장 적절할 것으로 판단된다.

② Propaganda

홍보는 미디어와 관련된 단체나 사람과 접촉하는 것을 의미한다. 즉 홍보는 PR보다 좁은 개념으로 해석할 수 있으며 대 언론관계라고 할 수 있다. 예술 분야의 PR 중에서 가장 중요한 부분이 바로 홍보이다. 외부 고객과의 관계 정립에서 가장 중요한 것은 미디어와의 관계이기 때문이다. 효과적인 홍보를 위해서는 해당 미디어에서 관심을 가질만한 뉴스를 파악하여 신속하게 전달하는 것이 중요하다. 그래서 홍보는 시간적인 집중력을 요하는 고달픈 작업니다.

앞서 살펴보았듯이 대중매체를 이용한 광고는 크게 효과가 없다. 오히려 오페라 춘향전과 관련된 신문의 기사, 전문가의 작품평, 예술전문 잡지와의 인터뷰 내용 등이 작품의 우수성을 알리고 궁금증을 유발하는 데 훨씬 유리하다. 그러므로 신문이나 잡지에 우리가 원하는 글을 실리게 하려면 대 언론관계를 돈독히 할 필요가 있다. 그래서 무엇보다 홍보에 신경을 많이 써야 한다.

③ PR

PR(Public Relations)은 예술기업과 소비자 간의 상호 이해를 도모하기 위하여 기획된 지속적인 노력이다. PR은 경영적 입장에서 공중의 태도를 평가하여 공공의 이익 혹은 개인이나 기관의 이익을 개별적으로 파악하여 공중의 이해와 호응을 얻기 위해서 프로그램을 계획하고 시행하는 것을 의미한다.

기업이 선택하는 PR 수단은 메시지의 복잡성과 표적시장의 제품지식에 따라서 정해진다. 단순한 메시지는 광고를 통해서 전달될 수 있지만 복잡한 메시지를 담고 있는 경우에는 좀 더 개인적인 접근이 요구된다. 메시지의 복잡성은 대부분 소비자가 제품을 복잡하다고 인지하는데서 비롯된다. PR은 예술기업의 경쟁력을 강화하고 예술 활동에 대한 기본적인 관심을 고조시켜 그 저변을 확대하는 역할을 한다.

공연 관련 프로그램을 적극적으로 마련하는 것이 PR의 좋은 방법이다. 미국의 대표적인 극장들이 이 같은 방법을 이용하고 있다.[57] 입장료를 받고 공연전의 리허설을 일반에 공개하거나 공연 후의 리셉션을 간단한 다과회로 마련하여 역시 유료로 공개할 수 있다. 또 따로 작품 설명회나 공연에 대한 강좌를 마련할 수도 있다.

④ Sponsorship

최근 가장 활발한 프로모션 활동을 꼽으라면 스폰서십을 들 수 있다. 문화예술계에도 기업들이 문화마케팅의 일환으로 문화예술 이벤트에 대한 직간접적인 지원을 늘리고 있다. 스포츠 분야에서 주로 이용되던 스폰서십의 영역이 점차 문화예술부문으로 넓혀지고 있는 것이다. 기업들이 소비자에게 우호적으로 다가갈 수 있는 문화예술 스폰서십과 같은 프로모션 수단을 찾고 있기 때문이다.

---

57) 홍승찬, 「공연예술의 마케팅 전략 Ⅱ」, 『음악학』 7권, 2000.

스폰서십이란 스폰서가 이벤트, 에이전시, 또는 재산과 관련하여 상업적 잠재성을 실현하기 위해서 현금이나 그와 유사한 재정적 지원을 하는 관계를 말한다. 기업은 이미지 개선이나 판매량 증가를 바라고 전략적인 사회공헌인 스폰서십에 임한다. 예술스폰서십은 주로 브랜드나 기업 이미지 개선과 향상에 그 목적이 있다. 여기에서 중요한 것은 스폰서십에 지출되는 비용은 대가를 바라고 지불하는 사업비용이며 기부와는 다르다는 것이다.

스폰서십은 스폰서에게 상업적인 이익을 주어야 하는 협력 사업이다. 기업이 스폰서를 제공함으로써 얻게 되는 실질적인 이익이나 결과를 제시하면서 상대방을 설득해야 하는 어려운 작업이다.

다음은 미국의 월간지 "American Theater"에 게재된 몇몇 자료를 바탕으로 미국 내 68개 극장의 1994년부터 2000년까지의 수입내역 일부를 비례도표로 꾸민 것이다. (표1 참조)

(표1) 단위 : (%)

	Subscription	Single Tickets	매표수입비율	자체수입비율
1994	26.3	21.6	47.9	61.6
1995	26.1	20.8	46.9	60.0
1996	26.1	21.0	47.1	59.9
1997	25.4	21.2	46.6	59.6
1998	25.9	20.5	46.4	58.6
1999	25.2	22.7	47.9	62.3
2000	25.2	21.7	46.9	60.7

이처럼 전체수입에서 자체수입비율이 차지하는 부분은 그리 크지 않음을 알 수 있다. 그만큼 스폰서십 유치의 중요성이 크다.

체코
"비보이 퍼포먼스 마리오네트"
체코 마케팅기획

1. 기획 의도

비보이 퍼포먼스 마리오네트는 기존의 것들과는 차별화된 비보이 퍼포먼스 공연이다. 이 공연은 블랙 라이트기법과 체코의 전통적인 줄 인형극인 마리오네트의 형식을 절묘하게 혼합해 새로움을 창출하였다. 이런 마리오네트에 깃들어 있는 체코의 전통적 문화의 속성들은 다양한 예술문화들이 함께 숨쉬고 있는 체코에서 아직은 현지인들에게 낯선 한국의 문화를 알리기에 적합한 요건이다. 또한 체코사람들은 새로운 문화예술에 대한 호기심을 가지고 있고, 점점 늘어가는 체코와 한국의 문화적 교류 현상은 체코의 전통적 공연 양식이 밑바탕이 된 새로운 비보이 퍼포먼스 공연을 창출해 낼 수 있다는 가능성을 보여준다. 이러한 사실에 기초하여 마리오네트의 수출을 기획해 보고자 한다.

2. 기획 배경

2.1 3C 분석

1) Corporate 분석

① B-boy Performance 'The Marionette'

〈작품소개〉

마리오네트는 비보이 공연 경력 16년인 익스프레션 크루의 이우성 단장이 직접 기획, 연출, 극본 안무한 작품이다. 이 작품은 철저하게 관객의 입장에서 만들어 졌기에 누구나 울고 웃을 수 있는 작품이며 어른들에겐 어릴 적 동화책을 보는듯한 감성을 불러낸다. 마리오네트에는 블랙 라이트 기법과 그림자극, 삽화의 스토리텔링 등을 이용한 연출로 다른 비보이 극과는 확실한 차별화를 둔다. 이는 모두 어디에선가 접해본 기법이긴 하지만 ,마리오네트를 통해 전혀 새롭고 독특하게 연출이 되어 관객들을 즐겁게 한다. 인형극 신을 위해 직접 일본 오사카의" 분라쿠 극장"을 견학했을 정도로 사전 준비가 철저했던 비-보이 퍼포먼스 마리오네트는 다른 비보이 극과 철저한 차별화를 둔다. 뉴욕, 일본 등에서 먼저 선보여 기립 박수와 찬사를 받은 <마리오네트>는 5차 공연을 하고 있는 현재까지 언제나 그 명성과 실력에 걸 맞는 최고의 무대를 선사한다.

이 퍼포먼스는 마리오네트와 인형사의 기쁨, 행복, 갈등을 각 에피소드별로 다양한 댄스로 표현하는 6개의 에피소드가 옴니버스 형식으로 구성된다. 인형사와 영혼이 깃든 인형들의 이야기가 주축이 되는 스토리 전개는 격렬한 몸짓에 서정성이 결합되어 있다.

클래식컬한 음악에 빠른 비트의 몸놀림이 엮여 부조화에서 조화를 창조

해내는 독특한 형식의 퍼포먼스의 긴장과 이완이 반복되는 극 전개가 충분히 흥미롭다. 단순한 댄스 배틀로 이루어졌던 여느 비보이들의 무대와는 달리, 독특한 스토리를 얹어 마술 공연과 웅장한 오케스트라의 연주를 연상케 하는 퍼포먼스는 또 다른 차별화된 특징이다. 댄스를 마리오네트라는 줄 인형극의 형식을 빌려 인간의 몸으로 표현할 수 있는 모든 가능성과 새로운 상상력을 만들어냈다.

〈작품연혁〉

2006년 5월 B-BOY UNIT 대회를 통해 마리오네트 퍼포먼스 최초 소개 2006년 상반기 화제 UCC 동영상 1위 2006년 5 월 비보이 한국최초로 뉴욕무대 진출 2006년 10월 마리오네트 뮤지컬 인터파크 예매순위 1위 2007년 9 월 마리오네트 뮤지컬 인터파크 예매순위 1위 2007년 9 월 KB B-BOY MASTER 게스트무대 동영상을 통해 선보인 '마법사(블랙 라이팅 공연)' 공연이 화제가 됨.

2007년 KOREA in MOTION 올해의 작품 선정.
2008년 6월 800석 규모의 대극장용 업그레이드 공연 (서울패션아트홀)
2008년 대만 [마리오네트] 공연
2008년 11월 14일 명동아트센터에서 5차 공연 시작

<줄거리>

1막 - 인형사와 인형과의 관계

어느 인적이 드문 시골 골목의 인형가게에서 인형사와 팔이 망가진 인형이 만나면서 아름답고 따뜻한 추억을 만들어주는 만남이 시작된다. 인형사와 망가진 인형은 환상적인 공연(비트박스와 인형 밴드)을 펼치며 마을 사

람들을 행복하게 만들어 주었고 마을 사람들은 인형사와 인형을 위해 인형극장을 만들어준다. 하지만 어느 날 마을에 나타난 마법사가 마리오네트 공연장을 탐내기 시작하면서 위기가 다가온다. 마법사는 인형들에게 나쁜 영혼을 불어넣어 인형들은 서로가 서로를 조종하기 시작하다가 줄이 끊겨 뒤죽박죽으로 엉켜버리고, 상처받은 인형사는 고향으로 떠나게 된다. 하지만, 이 시련을 통해 서로가 서로에게 굉장히 중요한 존재라는 사실을 깨닫게 된다. 다시 돌아온 인형사가 엉켜있는 인형들을 풀어주고, 모두가 기다리는 공연을 시작한다.

2막 - 인형과 소녀(사랑과 이별)

공연장에서 열심히 공연을 펼치는 인형이 어느 날 매일 공연을 보러 오는 빨간 모자를 쓴 소녀를 사랑하게 된다. 매일 자신의 공연을 보며 행복해하는 소녀를 위해 혼신의 힘을 다해 공연을 펼쳐 보이지만 시간이 흘러갈수록 그 소녀의 모습은 조금씩 달라지게 되고 인형은 이상하게 생각했지만 그래도 소녀를 보며 마냥 행복해했다. 어느 날 오랜만에 공연장을 찾아온 소녀는 하얀 눈이 내린 듯한 머리에 슬픈 눈을 하고 있었지만, 인형은 마냥 오랜만에 소녀를 보았다는 마음에 더욱더 열심히 춤을 추었다. 그 이후 소녀는 다시 공연장을 찾아오지 않았다. 시간이 흐르고 흘러 인형은 소녀가 죽었다는 사실을 듣게 된다. 인형은 흘릴 수 없는 눈물을 몸짓으로 표현하며 소녀를 그린다.

3막 - 마법사와 인형사의 마지막 공연

호시탐탐 인형극장을 노리던 마법사는 급기야 공연 중인 인형극장을 습격해온다.

행복했던 마리오네트 극장은 위기에 빠지고 마법사는 온갖 술수를 써서 결국 인형극장을 빼앗고 말았지만, 마지막으로 늙은 인형사와 인형들의 마지막 공연을 펼쳐지게 된다.

슬프고도 아름다운 웅장한 오케스트라가 펼쳐지는 무대로, UCC동영상을 통해서 현재도 400만 조회수에 이르고 있는 환희와 감동의 명장면으로 꼽힌다.

② B-boy Expression Crue

〈그룹 소개〉

현재 국내 비보이에 대한 관심이 기하급수적으로 늘어나고 있다.

국내 비보이는 4,000여명이고, 전문 비보이 그룹은 6~7개 정도, A급 비보이는 200여명 남짓하다. 마리오네트 퍼포먼스를 기획한 그룹인 '익스프레션 크루'의 Daum카페 회원만 99,000여명 정도이고, 또 다른 비보이 그룹 '갬블러'는 79,000여명, 싸이 홈피 회원수는 4,000명이 넘는다. 이처럼 비보이는 차세대 한류의 주역이자 가장 경쟁력 있는 문화 상품으로 떠오르고 있으며, 공연뿐 아니라 영화, 드라마, 게임 업체에서도 눈독을 들이고 있는 세계적인 문화코드라고 할 수 있다.

비보이가 세계적인 문화코드가 되기까지는 <마리오네트>공연 팀인 전문 비보이 그룹 '익스프레션'의 역할이 컸다. 2002년 '익스프레션' 팀이 세계 최대 규모 댄스 대회인 독일 "Battle of the Year"에서 아시아 최초로 우승한 뒤로 4년째 한국의 비보이들이 세계대회를 휩쓸고 있다. 익스프레션은 비보이의 거리문화를 공연 예술로 승화그들은 비보이가 새로운 문화 장르로 빛을 발하길 바라면서 스토리를 짜고, 음악을 믹싱하면서 연구와 연습을 반복한 끝에 무대에 올릴 수 있는 <마리오네트>를 창조해냈다. 이러한 노력은 세계에서 먼저 인정을 받았다. 비보이계에서 한국 댄서들의 위상은 가히 대단하다. 익스프레션의 10분 정도의 동영상을 보고서도 미국, 일본 등지에서 초청 공연 문의가 쇄도하고, 국내 주요 행사장이나 영화, 방송 CF 등에서 익스프레션의 모습은 자주 볼 수 있다.

<주요 연혁>

1997년 'Expresssion'정식 프로 댄스팀 결성
2002년 독일 세계 최대 비보이대회'Battle Of The Year'아시아 팀 최초 우승
2002년 일본 오사카 'Be. B-Boy 2002' 우승
2003년 독일 'Battle of the year 2003' 세계 본선 준우승
2003년 프랑스 국제대회 'Hip Hop Planet' 우승
2004년 프랑스 'Hip Hop Vibe' 우승
2004년 영국 제1회 '월드 비보이 챔피온쉽' 한국 대표 출전
2005년 일본 나고야 'Dance Dynamite' 축하 공연
2005년 일본 나고야 '유메아' 카지노 CF 촬영
2005년 독일 'LG 익스트림' 대회 축하 공연
2005년 프랑스 'LG 익스트림' 대회 축하 공연
2005년 홍콩 'YG 콘서트' 축하 공연
12006년 대만 B-boy Battle 대회 심사 및 초청 공연
2006년 캄보디아 한국 대사관 초청공연
2006년 홍콩 'CLSA 투자 포럼' 초청 공연
2006년 미국 뉴욕 'CLSA 투자 포럼' 초청 공연
2006년 대학로 씨어터일 비보이 퍼포먼스 '마리오네트' 뮤지컬 초연

2006년 한국 스트리트 댄스팀 최초 뉴욕 세계 쇼 비지니스 투자포럼 공식 초청

2007년 KOREA in MOTION 올해의 작품 선정(마리오네트)

2008년 대만 [마리오네트] 공연

2) Competitor 분석

① 체코 내(內)의 경쟁자

체코의 수도 '프라하'는 문화의 도시라는 말이 걸맞게 도시 어디에서나 다양한 공연문화와 예술문화를 접할 수 있다. 체코의 상징인 '마리오네트'를 이용한 많은 종류의 인형극은 물론, 발레와 오페라, 연극, 재즈 공연 등 장르에 국한되지 않는 다양한 종류의 작품을 감상할 수 있다. 그리고 또한 이러한 것들을 비교적 싼값에 즐길 수 있기에 문화 체험의 천국이라고도 할 수 있다.

아직 B-boy 공연이 정식으로 체코에 수출된 사례가 없으며, 체코의 문화 환경이 이렇게나 다양하고 많은 작품과 함께하고 있다는 것을 볼 때 '마리오네트'의 경쟁자는 사람들이 체코에서 접할 수 있는 대표적인 공연과 그 공연의 싼 가격이라고 할 수 있겠다. 또한 이러한 공연 이외에 우리의 타깃이 젊은 층임을 고려할 때, 제2의 경쟁자로 잡아야 할 대상들이 있다. 바로 체코 현지에 있는 pub과 클럽이다. 체코는 알코올(맥주) 문화가 아주 발달한 나라이고 이와 함께 pub과 클럽 문화가 발달해 있다. 그만큼 체코인들과 체코를 찾는 관광객들에게 정해진 코스처럼 들러야 할 곳으로 자리 잡아가고 있다. 우리의 '마리오네트'가 프로모션 1, 2단계에서 클럽 공연을 목표로 두고 있으며 이 시기에는 우리가 속해 있는 클럽 이외 다른 곳들이 모두 경쟁자라고 할 수 있을 것이다.

<"마리오네트"를 이용한 인형극>

- 인형극 돈 지오반니 Don Giovanni

프라하에서만 볼 수 있는 독특한 오페라 인형극으로 모차르트의 오페라 돈 지오반니를 꼭두각시 인형들이 공연한다. 그러나 전통성과 인지도 때문인지 가격은 높은 편이다.

요금: 대략 500Kc (학생할인 , 가족티켓 등 있음) 매표소는 오전 10시부터.

공연시간: 6월-10월15일 매일 밤(목요일 제외) 8시. 그 외에는 1주에 두번 정도이고, 12월말-1월사이에는 매일 공연을 한다.

위치: National Marionette Theater Zatecka 1 Praha 1-Stare Mesto.

교통: 메트로 Staromestska

- 스페이블&후르비네크

주로 유치원과 초등학생 대상으로 열리는 오전 공연이다. 후르비네크와 누나랑 꿈속 여행에서 꽃공주가 납치해간 강아지를 구하러 다니는 여행기가 내용을 담고 있으며, 일주일에 한번씩 공연하는 작품이 바뀐다. 극장 내에서 마리오네뜨 등 기념품을 싸게 판매하고 있다.

위치: 프라하 지하철 A호선 Dejvicka역 스페이블&후르비네크 극장

<각종 pub과 club들>

- Reduta Jazz club

바슬라프 광장 뒤 쪽 테스코 근처에 위치한 곳으로, 현지인도 많이 찾는 곳이라 물어보면 쉽게 찾을 수 있다. 매일 다른 공연이 열리며, 입장료

300czk 정도이다. 음료와 안주 등 따로 판매된다. (60~80czk)

- Borat 클럽

페트린 언덕 아래에 위치하고 있으며 주변이 비교적 조용하다. 월요일을 제외한 매일 밤마다 아래층에서 라이브 밴드의 공연이 있으며, 윗층에는 펍이 있어 낮에도 영업을 한다. 이곳에서는 프라하의 젊은이들이 모여 최신 음악을 들으며 얘기를 나눈다. 낡은 창틀과 의자, 테이블이 어두운 분위기를 자아낸다.

주소: ujezd 18, MalaStrana (프라하 성에서 내려오는 길)

- Termix, Club Valentino

프라하 비노흐라디 구역에 위치한 곳으로, 매번 다른 컨셉의 파티와 공연이 이루어진다. 홈페이지에 프로그램 일정과 내용이 상세하게 나와있으므로 참고 할 수 있다. 젊은 층의 손님들이 아주 많이 찾는 곳들이다.
www.club-termix.cz / www.club-valentino.cz

<국립 극장 등에서 이루어지는 순수 예술 공연들>

체코 국립극장 참고 http://www.narodni-divadlo.cz/

② 체코로 유입된 경쟁자들

3) Consumer 분석

2.2 SWOT 분석

1) Strength

① 인형극, 블랙라이트 그리고 클래식음악

마리오네트 공연이 가진 독특한 장치인 인형극이라는 소재, 블랙라이트, 그리고 클래식음악은 마리오네트만를 차별화 시키는 요소들이다.

- 체코의 전통 인형극인 마리오네트를 소재로 함으로써 단순한 춤 이상의 표현이 가능해졌고, 체코 사람들로 하여금 이질감을 덜 느낄 수 있는 장치로 작용할 수 있다.
- 블랙라이트 기법은 체코의 독특한 공연 형식이다. 구시가 광장과 까를교 주변 곳곳에는 블랙라이트 극장이 있다. 여기에서는 깜깜한 무대, 형광빛을 발하는 옷, 정교한 손놀림에 조명까지 받아 더욱 도드라져 보이는 하얀 장갑이 하나가 되어 다양한 형태를 빚어내는 공연이다. 마리오네트 역시 이런 공연 양식을 삽입하였고, 이는 마리오네트만의 참신성과 체코에서의 동질성을 만들어낼 수 있을 것이다.
- 프라하는 도시 전체가 하나의 거대한 음악 학원이라 할 만큼 다양한 종류의 음악이 1년 내내 연주되는 곳이며, 특히 클래식음악은 체코인들이 가장 사랑하는 음악이다. 마리오네트에서는 기존의 비보이 공연하면 연상되는 힙합 음악을 사용하지 않았다. 대신에 클래식음악과 이를 변형한 형식들을 시용하고 있는데, 이런 점은 체코인들의 귀를 사로잡기에 충분하다 사료된다.

② '익스프레션 크루'의 세계적 명성

익스프레션 크루는 마리오네트뿐만 아니라 크루 자체로서도 큰 인지도를 가지고 있는 팀이다. 우리나라에서는 CF 등을 통해서도 많이 보여지고 있는 팀이고, 세계적인 대회에서의 여러 차례 수상한 경력을 보유하고 있다. 체코로 나아갈 때도 이러한 점을 내세운다면 생소한 한국이라는 나라에 갖는 경계심을 줄일 수 있을 것이라 생각된다.

③ 넌버벌 퍼포먼스

넌버벌 퍼포먼스(비언어 공연)은 세계로 나아가기에 가장 좋은 조건이다. 다른 나라로 나감에 있어 그들과 다른 언어를 사용한다는 것은 이질감뿐만 아니라 공연을 이해하는데도 문제가 되기에 가장 큰 걸림돌로 작용한다. 하지만 마리오네트는 대부분의 비보이 공연이 그러하듯 공연 내내 말이 아닌 몸으로 표현을 한다. 또한 뒤에 설치된 스크린을 통해 그림으로 스토리를 보여주는 형식이기에 비록 언어가 다른 관객이라도 함께 공감하는데에 무리가 없다.

이런 점은 체코에서 마리오네트가 자리를 잡는 데에 큰 도움이 될 요소라 하겠다.

2) Weakness

① 장소적 제한

비보이 공연은 여러 명이 단체로 춤을 추어야 하기에 넓은 장소가 필요하다. 또한 마리오네트의 특성인 블랙라이트나 스크린 등의 장치 역시 따로 마련되어야 하기에 장소적인 제한이 생긴다. 이는 분명 공연을 보여주는 데에 있어 한계를 만드는 것이기에 약점이 된다.

Solution> 장소에 따라 공연을 달리한다. 거리와 작은 클럽과 같이 장소적인 제한을 해결할 수 없는 곳에서는 공연의 일부만 짧게 보여주는 형식으로 관객들의 구미를 끌고, 장소적 제한을 해결할 수 있는 공연장을 통해 제대로 된 본 공연을 올린다. 이는 4P 전략에서 Product의 단계별 진입 전략으로 좀 더 구체화된다.

② 전문 경영인의 부재

마리오네트는 구성에서부터 진행까지 익스프레션 크루의 단장인 이우성 씨를 주축으로 이루어진 공연이다. 때문에 국내에서도 공연을 올리게 되면서부터는 공연 기획사와 함께 연계하여 진행하고 있다. 그러나 이 공연 기획사 역시 해외로의 수출 경험은 없으며, 체코와의 문화적 교류에는 경험있는 전문 경영인이 필요하기에 이점은 마리오네트에 약점이 된다.

Solution> 경험 있는 전문적인 곳을 찾아 함께 전략을 수립해 나간다면 이는 해결 가능 할 것이다. 공연콘텐츠 수입 배급사인 EMK는 특히 체코 뮤지컬의 수입 중계를 맡고 있으며 이곳을 통해 들여온 뮤지컬 햄릿은 객석 점유율이 70%를 넘으면서 각 기획사들의 문의가 이어지고 있다고 한다. 공연을 수출하는 회사는 아니지만 지금까지 체코의 문화와 관계를 맺어왔던 경험을 십분 발휘하여 발을 뻗는다면 다른 곳에 비하여 좀 더 수월한 진행이 가능해 질 것이다.

③ 스토리의 빈약함

마리오네트 공연은 스토리가 있기는 하지만 스토리가 주(主)가 되는 공연은 아니다. 그렇기에 스토리 부분에 있어 단순하고, 춤 그 다음의 것으로 인식될 가능성이 있다. 체코의 인형극 마리오네트는 이와 달리 스토리가 주축을 이루는 공연이기에 자칫하면 이를 기대한 관객들에게 실망을 안길 수 있다.

Solution> 체코 수출 후 지속적인 맞춤 보완이 필요하다. 체코인들의 정서는 분명 한국인들 정서와 다르다. 단순한 스토리일지라도 체코의 특성에 맞추어 보완해 나간다면 좀 더 그들의 입맛에 맞는 공연으로 발전해 나갈 수 있을 것이다.

3) Opportunity

① 예술에 대한 호기심이 큰 체코 문화적 특수성

체코 사람들은 예술 문화에 대한 호기심이 많으며, 지적 수준 역시 높게 평가되고 있다. 순수 공연예술에서부터 시도되지 않았던 새로운 공연작품까지 나라 곳곳에서 공연되고 있으며, 사람들은 다양한 공연들을 받아들이는데 거부감이 없다. 이는 비록 생소한 비보이 공연일지라도 사람들에게 다가가기 쉬운 요건이 될 것이다.

② 관광산업의 발달

체코는 연간 찾아오는 관광객들이 체코 현지인의 비율을 훌쩍 넘을 정도이다. 유럽뿐만 아니라 다양한 국가에서 찾아오며, 상대적으로 공연 가격들이 저렴하기 때문에 부담 없이 공연을 즐길 수 있다. 이런 체코의 환경은 마리오네트를 관광객들에게 알리는 데에 큰 역할을 할 것이며, 이를 통해 마리오네트가 세계로 나아가는 발판 마련이 가능케 될 것이다.

③ 거리공연의 발달

까를교, 프라하 성처럼 사람들이 즐비한 거리에서는 늘 거리 공연이 이어진다. 사람들은 이곳에서 다양한 공연을 접하며 즐거움을 나눈다. 이렇게 오픈된 공간에서 연출할 수 있다는 것은 불특정다수의 관객을 대상으로 더 큰 홍보효과를 낼 수 있다는 장점이 있기에 기회요인으로 꼽을 수 있다.

4) Threat

① B-boy 공연에 대한 인식 부족

생소함은 거리감을 가져온다. 상연되는 비보이 공연이 전무한 체코에서는 공연 자체에 대한 거리감을 가져올 수 있다. 더욱이 비보이 공연을 거리에서만 접한 관객들에게는 그 이상의 가치로 인지되기 어려울 수 있기 때문에 이는 위협 요소가 될 수도 있다.

Solution> 단순한 춤 이상의 것을 담은 공연으로 차별화시킨다. 체코의 전통적이고 특수한 문화양식을 담아 기존에 존재하지 않던 새로운 형식의 공연임을 강조하여 호기심을 불러일으킨다.

② 타문화에 대한 경계심

예술문화에 대한 관심과 다양한 문화를 받아들이려는 호기심이 큰 체코인들이 갖는 단점은 생소한 문화에 대한 경계심이다. 미국이나 영국과 같이 선진화된 국가에 대해서는 호감도가 크지만 아시아권 나라는 잘 알지 못하기에 더 큰 경계심을 갖는다. 이는 중요한 위협요인이다.

Solution> 처음부터 공연으로 올리고자 하지 말고, 차근차근 단계별로 다가가고자 한다. 처음에는 거리에 공연을 통해 궁금증을 불러일으키고, 클럽 공연을 통해 우리 공연을 선보인다. 공연의 한 부분을 짧게 보여줌으로써 호기심을 자극하고 공연에 대해 기억하게끔 하는 단계를 통해 비로소 우리의 목표인 극장 공연으로 접어들게 한다.

③ 홍보채널의 차이

인터넷을 통해 대부분의 공연 홍보가 진행되는 우리나라와는 달리 체코는 인터넷이 덜 발달되어 있으며 활발하게 활용되는 홍보매체 역시 다르다. 우리나라와 같은 방법을 사용한다는 안일한 사고로는 홍보의 효과를 볼 수 없을 것이다.

　Solution> 체코에 적합한 홍보전략 분석이 필요하다. 예를 들어 체코는 공연 정보지와 잡지의 활용이 활발한데, 신문보다도 높은 신뢰도를 갖는 이런 매체를 활용하여 공연 정보를 제공하는 홍보 전략을 펼칠 수 있다.

3. 기획 내용

3.1 STP 전략

1) Segmentation

① 거리공연, 클럽공연, 극장공연

　체코의 공연시장은 거리, 클럽, 극장, 교회로 나눌 수 있다. 이는 단순한 공간적 차이를 넘어 각기 다른 특성을 보이기에 공연의 기준으로 삼는다. 거리공연은 대부분이 무료로 이루어지며 남녀노소 누구나 참여하는 자유로운 문화의 장이다. 클럽은 인지도에 따라 인지도가 낮은 클럽과 높은 클럽으로 나눌 수 있다. 이곳에서는 실험적인 공연들이 자주 열리며, 인지도가 높은 클럽의 경우에는 예약 없이는 입장이 불가능할 정도로 큰 인기를 보인다. 극장에서는 전통적인 공연들, 인기리에 공연 중인 다양한 것들을 볼 수 있다. 가장 유명한 극장 공연은 마리오네트(줄 인형극) 돈지오반니이다. 이 공연은 특히 관광객들에게 큰 사랑을 받는 공연으로 최근 그 가격이 600 ck까지 올랐다고 한다. 교회에서는 주로 순수예술공연이 이루어진다.

우리는 이 중에서 우리의 컨셉과 다소 거리감 있는 교회를 제외하고 거리공연, 클럽공연, 극장공연을 단계적으로 진입해야 하는 시장으로 선정했다.

2) Targeting

① Main target : 20~30대의 젊은 현지인 층

비보이 공연이 체코에서 시도되지 않은 장르이기는 하지만 젊은 층에게는 거리의 문화로 친숙하다. 또한 비트감, 화려한 몸동작 등의 비보이 공연 특징은 젊은이들의 감성과 맞닿아 있기에 가장 큰 호응과 접근성을 가지고 있는 집단이다.

② Sub target : 관광객

2008년 KOTRA 자료에 따르면, 연간 체코에 유입되는 관광객은 1억 명으로, 이는 체코 현지인 인구보다도 많은 숫자라고 한다. 특히 관광객들이 체코로 모이는 이유는, 체코가 가진 문화의 다양성 때문이다. 각기 다른 개성과 분위기를 내뿜는 다양한 공연들을 접하려는 관광객들은 체코에서 마리오네트를 선택할 가능성이 현지인만큼이나 크다. 또한 관광객을 통해 마리오네트가 알려진다면, 이는 세계화의 가능성을 여는 계기가 될 것이라 기대되기에 관광객 역시 주요 타깃으로 설정했다.

3) Positioning

체코에서의 비보잉은 단순히 젊은층의 거리 문화로 인식된다. 정식 공연이 올려진 사례가 없기 때문인데, 익숙하지만 생소한 비보이 퍼포먼스라는

문화의 한 장르를 정식 공연으로 인지시키기 위해서는 기존의 것과 차별화
되는 전략이 필요하다.

우리는 이를 위해 그저 춤을 추는 비보이 퍼포먼스 공연에서 더 나아가
체코의 전통적 요소를 담아낸 새로운 신선함을 가진 비보이 공연이라는
가치를 내세우고자 한다.

3.2 4P 전략

1) Product

실험적인 시도라는 단점과 생소한 문화에 대한 체코인들의 경계심을 낮
추기 위해 단계별 흡수전략으로 다가가도록 한다.

① step1 : 거리공연 + 작은 클럽

-공연의 일부를 짧게 거리와 작은 클럽에서 보여주기 형식으로 공연
-단순한 알리기의 목적

② step2 : 클럽 + 소극장

-인지도가 높은 클럽과 소극장을 중심으로 공연
-다수의 클럽 공연 중 마리오네트만의 인지도 생성

③ step3 : 극장

-관광객과 현지인 모두가 많이 찾는 극장에서의 본 공연
-B-Boy 공연으로서의 가치를 인정받는 시기

2) Price

Product 전략과 마찬가지로 단계별 가격 정책을 마련한다.

현재 작은 클럽에서 이루어지는 대부분의 공연은 200ck, 인지도 높은 클럽은 300ck, 극장에서 열리는 유명 공연이 최대 500ck이라는 것을 기준으로 삼아 가격을 책정했다. 현지의 공연이 갖는 인지도나 전통성이 부족하기에 이런 점을 고려하여 기준 혹은 그보다 낮은 가격으로 부담감을 감소시킨다.

① step1 : 거리공연 + 작은 클럽 → 150 ~ 200 ck

② step2 : 클럽 + 소극장 → 250 ~ 300 ck

③ step3 : 극장 → 350 ~ 400 ck

3) Place

체코의 수도, 프라하.

프라하는 유네스코가 지정한 세계 문화도시이다. 프라하는 작은 도시여서 주 관광명소가 구시가, 신시가를 중심으로 모여 있다. 그리고 관광객이 쉽게 찾아다닐 수 있도록 지하철이나 트램, 버스 등 교통수단이 잘 발달되어 있다.

[체코의 수도, 프라하]   [프라하 지하철 노선도]

4) Promotion

① 게릴라성 공연 + 호객행위

마리오네트 공연은 스토리가 있기는 하지만 부분 부분을 잘라 짧막한 퍼포먼스로 보여주는 것이 가능하기에 이를 이용한 게릴라성 공연을 진행한다. 우리의 타깃층이 많이 모이는 프라하 성이나 까를교, 존 레논 벽 등의 지역에서 짧은 게릴라성 공연을 보여줌으로써 사람들의 호기심을 유발시킨다.

또한 체코 공연가에서 활발히 진행되는 호객행위를 한다. 우리나라의 대학로에서 이루어지는 호객행위와는 다르게 공연 컨셉에 맞춘 이벤트성 호객행위를 통해 즐거움을 제공한다.

② PR

우리나라에서는 대부분의 공연 정보는 인터넷을 통해 확인할 수 있다. 하지만 체코는 우리나라만큼 인터넷이 발달되지 않았고, 활발하게 활용되는 매체 역시 우리나라와의 차이가 있기에 이에 대한 적절한 대응책이 필요하다.

체코에서는 신문보다도 정보지나 잡지의 신뢰도가 높다고 한다. 마리오네트 역시 이를 이용하여 PIS(Praha Information System) 등의 팜플렛이나 공연 정보지 등에 정보를 실어 더 많은 사람이 우리 공연의 정보를 접할 수 있도록 한다.

③ 숙박시설 연계를 통한 관광객 유치

관광객을 타깃으로 설정하였기에 이들을 대상으로 하는 프로모션이 필요하다 생각했고, 이를 위해 기획한 전략이 숙박시설과의 연계이다. 여행지에서의 숙박시설은 단순한 휴식 이상의 정보를 제공받을 수 있다. 다양한 공연이 이루어지는 체코인만큼 숙박 시설에서도 이에 대한 정보나 할인을 제공하고 있다고 한다. 마리오네트 역시 이런 점을 이용하여 관광객들의 눈을 사로잡고자 한다.

④ 관광객이 자주 찾는 Information center나 중앙역 부근에 공연 팜플렛 비치

관광객을 타깃으로 하는 두 번째 프로모션 전략이다. 여행의 기본이라 할 수 있는 imformation center나 역 주변에 팜플렛을 비치하여 쉽게 공연 정보를 제공 받을 수 있도록 마련한다.

⑤ Mariontte package

체코의 문화 중 빠뜨릴 수 없는 것이 주류 문화이며, 이는 곧 체코인들의 생활이다. 마리오네트를 공연하는 클럽에서 진행하는 프로모션 전략인 마리오네트 패키지는 공연을 보는 사람들을 대상으로 술을 무료로 제공하는 서비스이다. 실제 체코에서는 술이 매우 싼 값으로 판매되기 때문에 패키지 서비스를 진행하는데 있어 무리가 없을 것으로 판단된다.

⑥ 버스, 트램과 같은 대중 교통수단을 이용한 광고

돌아다니는 광고판, 대중 교통을 이용한 광고 프로모션 전략이다. 버스나 트램과 같은 대중 교통수단의 바깥 벽면을 이용한 광고를 통해 이를 이용하는 사람들 혹은 거리에서 마주치는 사람들로 하여금 관심을 유발하도록 한다.

[프라하 내 교통수단]

3.3 OSMU

① The Marionette Club

OSMU의 주(主)가 되는 마리오네트 클럽은 진입 2단계에서 보여 지는 형식과 동일하게 진행된다. 체코 문화에서 빼놓을 수 없는 pub과 마리오네트의 공연 중 일부를 짧게 볼 수 있는 곳으로 극장에서의 공연과는 또 다른 매력의 공간으로 조명될 것이라 기대된다.

또한 비보이 공연의 성장을 위해 클럽 내에 장비를 마련하고, 마리오네트 이외의 다른 비보이들이 공연할 수 있도록 장소를 제공하는 역할도 한다. 이는 마리오네트로 시작된 비보이 공연이 체코 내에서 정식 공연으로 자리잡고 성장하는 데에 큰 몫을 할 것이다.

② Illustration Book

Marionette Illustration Book은 이미 국내에 출판되어져 있는 어른을 위한 동화책이다. 마리오네트의 공연에서 스크린을 통해 보여 지는 일러스트레이션의 그림을 모아 놓은 책으로 말이 아닌 오직 그림으로만 표현됐기에 체코에서 역시 활용 가능한 상품으로 기대된다.

③ 마리오네트 인형

마리오네트의 전신이라 할 수 있는 줄인형을 활용한 OSMU(One Source Multi Use)이다. 현재 체코에서도 마리오네트 인형극의 많은 수익이 인형을 통해 창출되어지고 있다. 우리 마리오네트 역시 일러스트레이션을 줄인형으로 만들어 판매하며, 크기나 모양을 달리하는 다양성을 통해 더 많은 수익 창출을 기대할 수 있다.

④ 오르골

마리오네트의 주제곡은 영화 아멜리에 OST 중 No.11 Track La Valse D'amelie Orchestre version 왈츠 오케스트라 버전이다. 이는 본디 오르골 음악이기에 이를 활용하여 오르골 판매를 기획했다. 마리오네트의 주제곡과 일러스트레이션을 이용한 상품이다.

⑤ 가면

마리오네트 공연에서는 비보이들이 공연 내내 가면을 쓴다. 블랙라이트를 위한 것이기도 하고, 줄 인형극을 표현하기 위함이기도 한 이 가면은 마리오네트를 표현할 수 있는 또 하나의 재미거리로 기억된다. 실제 비보이들이 사용했던 가면이나 체코나 한국의 특성을 담은 가면 등 다양한 종류의 가면을 개발하여 판매한다.

⑥ T-shirt

마리오네트의 일러스트레이션을 그려 넣은 티셔츠를 판매한다. 관광객이 사가기 쉬운 아이템인 동시에 입고 다니는 것만으로도 홍보가 된다는 일석이조의 효과를 기대할 수 있다.

4. 기대 효과

새로운 것을 받아들이고자 하지만 먼저 마음을 여는 것에 서툰 체코 사람들은 우리에게 열쇠가 되든지 아니면 짐이 될 것이다. 이들에게 어떻게 다가가느냐에 따라 우리의 결과가 달라질 수 있기 때문이다. 새로운 곳에 나아간다는 것은 결코 섣불리 다가가면 안 된다. 내가 나아갈 곳에 대한 철저한 분석과 적합성을 따져본 후에 완벽하게 수립된 전략을 안고 가야

한다.

마리오네트라는 비보이 공연이 나아갈 때 가질 수 있는 편견이 있다.

하나, 비보이 공연은 이제 식상하다.

우리나라 비보이는 세계적인 인지도를 보유하고 있다. 세계적인 대회에서의 화려한 수상경력을 보았을 때 이는 비단 주관적인 느낌만은 아니라 할 수 있다. 이때문에 우리나라에서는 비보이 공연이 더욱 유명하다. 실제 상연되고 있는 공연 역시 많고, 이미 비보이 공연을 관람한 관람객도 엄청나다. 하지만 이것이 다른 나라로 향했을 때는 이야기가 달라진다.

미국이나 영국, 일본과 같이 비보이 공연이 이미 유명세를 타고 지나간 문화처럼 느껴지는 곳은 새로움이 없지만 체코와 같이 아직 비보이 공연이 정식으로 올려지지 않은 곳에서는 새로움 그 자체이다. 우리가 바라는 것이 그 새로움이다. 지나치게 한국적인 요소를 담고 있는 것은 세계화가 어렵다. 예를 들면 김치같은 것인데, 실제 외국인들은 김치를 왜 한국 전통 음식으로 내세우는지 이해할 수 없다고 한다. 자극적인 맛과 냄새에 외국인들은 먹기에 어려움을 느끼기 때문이다.

세계화를 향한다면 잠시 생각의 방향을 바꿔야 한다. 체코라는 시장에서 새롭게 받아들여질 비보이 공연은 한국의 세계화까지 엿볼 수 있는 신선한 도전이다. 그렇기에 이는 식상하지 않다.

둘, 체코 시장의 언어장벽은 해결하기 어렵다.

비보이 공연이 가진 가장 좋은 장점은 말이 필요 없다는 것이다. 특히 체코처럼 자국에 대한 긍지가 큰 나라에서는 다른 나라 언어에 대한 장벽이 높을 수 있다. 하지만 말이 필요 없는 넌버벌 공연은 언어의 장벽을 쉽게 부술 수 있는 열쇠가 된다.

체코와 연계된 공연 기획사를 통해 체코로 나아간 마리오네트 공연은 극장과의 관계나 관객들과의 관계에서 언어 장벽은 문제가 되지 않는다.

셋, 열악한 체코시장에서 수익성을 기대하기는 힘들다.

수출 초기에서부터 수익을 기대하는 것은 무리이다. 초기에는 알리는 것을 목표로 한다. 체코 공연시장의 전반적인 모습은 싼 가격에 이용할 수 있는 다양한 문화의 공존이다. 이 다양성에 한국의 비보이 퍼포먼스를 더하는 것이 우리의 목적이다. 단계별 전략 중 2단계인 클럽까지는 전체 공연을 보여주는 것이 아니기 때문에 특수한 공연 장비나 넓은 무대 등을 요하는 것이 아니다. 때문에 많은 비용이 들지 않는다. 이때의 공연은 함께 즐긴다는 컨셉을 갖는다. 공연으로서의 입지를 다지는 것이 아니라 사람들의 인식 속에 슬며시 스며드는 존재가 되는 것이다. 이 후 공연의 인지도를 가지고 극장 진입과 본 공연의 값을 책정 받을 수 있게 될 것이라는 계획이다.

체코 사람들은 자기애가 강하고 새로운 것에 거부감이 강한 것은 사실이나 접근법에 따라 그들이 가진 마음의 벽을 부술 수 있다. 차근차근 성장하면서 이질감을 좁혀가며 다가서는 것이 우리가 할 수 있는 가장 좋은 전략이다.

한 가지 더 보탠다면, 공연 역시 수익창출을 위한 것이지만, 수익 그 이상의 가치를 전달할 수 있다는 것이 공연이라는 문화가 가진 힘일 것이다. 체코를 시작으로 마리오네트가 세계적으로 알려질 수 있다면 인지도를 통해 수익성은 절로 얻게 된다. 그런 인지도를 만들어낼 수 있는 가장 좋은 여건을 갖춘 곳이 체코이며, 이는 곧 세계화의 출발점인 것이다.

마리오네트라는 공연을 통해 한국의 비보이 공연을 알리고 수익까지 창출한다면, 결국 장기적인 관점으로 보았을 때 이는 한국의 세계화를 이야기 한다 해도 과언이 아닐 것이다. 보다 넓은 무대에서 보다 큰 성장을 위한 시작, 그것이 체코에서 공연하는 가치이며 이는 수익창출 그 이상의 가치라 하겠다.

체코로부터 많은 공연이 수입되고 있다. 그리고 이는 전부 우리나라 언어로 번역되지 않은 채 그대로 상연되고 있다. 체코뿐만 아니라 외국에서 유입되는 공연들은 그대로의 형식을 유지한다. 하지만 우리나라에서 수출되는 공연은 언어의 장벽을 넘기 힘들며, 그들의 뜻대로 맞추어 바꿔야만 한다. 아마도 이것은 한국 문화가 가지는 아직 낮은 인지도 때문일 것이다.

넌버벌 퍼포먼스는 언어의 장벽을 넘을 수 있는 유일한 공연 형식이다. 난타가 브로드웨이를 차지했던 것처럼 우리의 마리오네트 역시 넌버벌 퍼포먼스로서 체코 속에 고스란히 자리잡을 수 있기를 기대한다. 넌버벌 퍼포먼스의 진출은 훗날 버벌 공연 역시 세계 속에 자리매김할 수 있다는 기대감을 가질 수 있게 한다.

이탈리아

"안동탈춤" 공연 이탈리아마케팅

1. 프로젝트 소개

1.1 프로젝트 개요

1) 프로젝트: 우리 프로젝트는 한국의 대표적 문화 아이콘을 세계인의 머릿속에 심는 것을 그 목적으로 한다. 그 문화 아이콘으로 우리의 문화원형인 탈을 첫 소재로 삼는다. 탈이 더는 한국을 찾아온 관광객들의 선물로만 안주할 것이 아니라는 것이다.

탈을 쓰고 공연하는 탈춤 혹은 놀이는 고대부터 시작돼 지금까지 우리에게 전승되고 있다. 탈춤은 가설무대인 산대 위에서 진행하기 시작했다는 산대희 기원설, 무굿 기원설, 풍농굿 기원설 등이 있으며 북한에서 탈춤을 연구한 김일출은 원시인이 짐승의 목소리를 흉내 내거나 사냥하려는 짐승의 모피를 뒤집어쓰고 동물들에게 접근했던 수렵방식에서 탈춤이 전승됐다고 말한다. 또 호랑이나 곰 등을 숭배하는 토템의식, 종족간의 전쟁에서 적을 위협할 목적 등에서 탈춤이 발생했다고도 전한다.

이러한 탈춤은 같은 모양이 없는 아이들의 탈처럼 각 지역별로 색다른 특징을 가지고 발전돼 왔다. 봉산탈춤은 황해도 지역의 탈춤으로 중부지방의 탈춤보다 활발하며 장삼 소매를 휘어잡고 뿌리거나 한삼을 경쾌하게 휘뿌리면서 두 팔을 빠른 사위로 굽혔다 폈다하는 깨끼춤을 기본으로 한다. 특히 모닥불 위를 넘어뛰며 장기를 자랑하는 목중춤은 대륙의 풍모를 느끼게 한다. 경상북도 하회마을에서 12세기 중엽부터 상민들에 의해 연회되었다는 하회별신굿탈놀이는 지배층과 피지배계층의 관계와 당시의 사회적 부조리, 서민들의 삶의 애환을 풍자적으로 잘 그리고 있다. 이 탈놀이는 별신굿이라는 마을공동체 신앙에 포함되어 연회되었으며 탈놀이 과정을 통해 계급간의 모순과 문제점들을 완충하면서 다시 공동체 기존체계를 더욱 강화시키는 기능을 했다고 한다. 이외에도 탈춤은 지역별로 은율탈춤, 강령탈춤, 양주별산대놀이, 송파산대놀이, 북청사자놀음, 고성오광대, 통영오광대, 가산오광대, 동래들놀음, 수영들놀음, 처용무 등이 있다.

현재 한국의 탈, 탈춤 기반 2만여 콘텐츠 개발이 되고 있다 사단법인 민족미학연구소는 이런 탈과 탈춤을 기본으로 지난 2002년 '탈의 다차원적 접근을 통한 인물유형 캐릭터 개발'이라는 문화원형 과제를 개발했다. 이 프로젝트는 우리나라 대표적 탈춤인 오광대, 들놀음, 봉산탈춤을 기본으로 탈과 탈춤에 관한 콘텐츠를 개발했다. 각종 자료와 전승되고 있는 무형문화재를 기반으로 캐릭터, 2D 및 3D 애니메이션, 스토리텔링 등 2만여 개의 한국적 콘텐츠가 개발되었으며 현재 전승되지 않고 사장된 것까지 복원했다.

탈춤은 유형별 또는 개별 놀이에 따라 세부적인 차이가 있으나 벽사의 식무과장, 파계승에 대한 풍자과장, 양반에 대한 풍자과장, 부부와 처첩

사이의 갈등과장 등으로 구성된다. 특히 산대놀이 계통의 탈춤에는 양반과 말뚝이가 신분적 차이 때문에 대결하는 양반과장이 모두 들어있다. 이 양반과장이 탈춤의 핵심적인 과장을 이루는 것이다. 특히 통용오광대는 양반과장이 가장 잘 극화되어 있다. 등장하는 양반의 탈 모습 자체가 병신이거나 비정상적인 모습을 보여주고 있을 뿐 아니라 말뚝이에 의해 철저하게 부정되고 혐오되는 대상으로 나타난다. 또한 사장된 탈춤도 복원이 가능하다.

민족미학연구소가 개발한 콘텐츠 중 2D 애니메이션 미얄과 영감은 난리통에 잃어버린 영감과 영감을 찾는 할미의 이야기다. 할미와 영감은 극적으로 만나 회포를 풀지만 영감이 젊은 여자를 얻어두었음을 알고 할미는 젊은 여자와 머리를 잡고 격렬히 싸운다. 할미가 살림을 나누어 갈라서자고 하며 사당까지 부수어 버리자 영감이 쓰러지고 할미는 그새 젊은 남자와 살아보겠다고 한다. 깨어난 영감이 화가 나 다시 할미를 때리자 할미가 그만 쓰러져 죽고 만다. 할미가 죽고 나서야 그간 고생만 했다고 영감은 후회를 하고 이때 남강 노인이 나타나 불쌍한 할미의 혼을 달래는 굿을 한다.

짧은 길이의 이 플래시 애니메이션은 탈춤이 갖고 있는 서사적이면서도 서민적이며 풍자적인 내용을 잘 담고 있다. 탈춤은 대체적으로 풍자적이고 서사적인 내용으로 양반, 천민, 승려, 첩, 기생 등 등장인물들 또한 현대극에서도 많이 볼 수 있는 전형적 캐릭터가 많이 포함되어 있어 일종의 캐릭터 박물관을 연상케 한다 이러한 탈춤의 성격 때문에 현대의 새로운 문화산업의 소재로 사용하기 아주 적합하기 때문이다.

우리는 세계적으로 탈의 유통과 그 유통 증가에 따른 우리나라의 수입 증대 및 관광객 증가를 원함이라고 할 수 있겠다. 탈을 주제로 한 무언극을 만들 것이며 탈이라는 감정의 얼굴 표현의 한계를 극복하기 위하여 무대장치를 적극 활용할 계획이다.

2) 기대효과 : 탈의 홍보로 인한 관광수입 증대 및 한국 문화를 알리는 것을 기대하고 있다.

2. 국내 공연 진출 현황

2.1 초기 국내 공연의 이탈리아 진출 작품

1) 로마에서 찾은 한국공연예술의 가능성 - 〈해상왕 장보고〉 이탈리아 공연

이탈리아 로마 오페라극장에 올려진 현대극장의 뮤지컬 드라마 <해상왕 장보고>(김지일 작·표재순 연출)를 98년 11월 6일에 볼 수 있었다. <해상왕 장보고>는 로마 오페라극장의 공식초청작품으로 '98/ '99시즌 정규프로그램 리스트에 등재된 공연이었다. 그래서 그들의 격식대로 관람티켓도 절차대로 판매됐고, 또 이 판매가 성공적으로 완전 매진됐다. 그리고 객석의 반응은 충분히 감탄하고 호응을 받아 모두들 박수를 쳤다. 이탈리아의 대표적 극장에서 한국의 전통소재를 이용한 최초의 공연이었다.

<해상왕 장보고>는 지난 4년간 외국공연만 하고 있었다. 이탈리아 공연 전까지 2, 3개국을 돌았고 이탈리아 이 후에도 불가리아 소피아 공연을 거쳐 대만과 인도 공연을 예정하고 있었다.

2) 〈해상왕 장보고〉의 문제점

이탈리아 공연에서의 문제는 장소의 특성상 대부분이 60~70대의 노인

들이었다는 것이다. 오페라의 본고지인 이탈리아이지만 청소년층을 오페라 극장에 끌어들이는 일이 오늘의 가장 큰 과제라고 한다. 그래서 재즈공연도 해보았다고 한다. 하지만 완패했다. 한국공연을 초청한 것도 극장으로서는 활력을 다시 불어넣어 보려는 시도였다고 한다. 결과는 곧 청소년을 불러들인 것은 아니지만 늙은 관객에게나마 신선한 바람이라는 반응을 받은 것이 큰 위안이 된다고 피력했다. 이탈리아에서의 <해상왕 장보고> 공연은 현대극장과 로마오페라극장이 함께한 하나의 모험이었고, 이 모험은 로마극장 경영자들에게 새로운 시도이자 한국 공연의 가능성을 알려준 큰 선물이 되었다.

2.2 최근 진출 작 - '2006 신(新)춘향'의 영국 런던 진출

안은미 무용단 13명의 무용수는 17~18일 저녁 런던 시내 피콕 극장에서 1시간 30분 동안 춘향전을 현대적으로 재해석한 '파격과 도발'의 몸짓으로 영국 관객들을 휘어잡았다.

한국의 많은 예술 작품 중 '춘향전'은 아마도 세계인들에게 가장 편히 다가갈 수 있는 작품으로 꼽힐 듯하다. 세계인의 보편적 감수성 중 하나인 사랑을 주제로 했기 때문이다. 이미 소설, 영화 등을 통해 춘향의 애절한 사랑이 서구에 적극 소개되기도 했다.

'신 춘향'은 판소리 '춘향전'을 무용으로 재해석한 작품. 정절을 주제로 했던 기존 춘향전 해석을 뛰어넘어 춘향을 신분질서를 뛰어넘는 자유연애를 한 여인으로 표현한다. 이를 표현하기 위해 안은미는 공연 중 때로는 정숙한 처녀의 모습을, 때로는 윗옷을 홀렁 벗어 던지고 상체를 뒤틀며 욕망을 드러내는 여인의 모습을 보여준다. 안은미는 옥중 춘향의 어지러운 꿈속에서 '이도령'과 '변사또'가 동성애를 나누는 장면을 삽입하는 등 춘향전에 자신만의 도발적 상상력을 가미하는 것도 서슴지 않는다.

이탈리아에서 시작해 영국, 벨기에, 네덜란드 등으로 19박20일 동안 7개 도시로 이어지는 안씨의 이번 유럽 순회공연은 세계음악극축제(WMTF)의 예술 감독 로버스 반덴부스의 초청으로 이뤄졌다. 2년 전 안씨의 작품 '춘향'을 본 반덴부스가 한국적이면서 현대적인 이 작품에 반해 안씨를 세계 음악극축제에 초청했다. WMTF와 공동 제작형식으로 정식 개런티를 받고 이뤄진 해외 공연이라는 점에서도 신 춘향은 의미가 큰 무대이다.

이 공연을 본 아시아문화교류기관인 런던 아시아하우스의 문화 담당 카트리나 헤이절은 "파격적이고 미래지향적인 무대"라며 깊은 인상을 받았다고 밝혔다. 한국 문화에 관심이 깊어 개인적으로 한국 문화와 역사 사이트까지 개설한 영국인 필립 고먼은 "전통과 현대가 어우러진 음악이 매우 인상적이었고, 1시간 30분 내내 눈을 뗄 수 없는 무대였다"며 "너무 좋아서 이틀 공연을 모두 다 봤다"고 말했다.

영국에 앞서 열린 이탈리아 공연도 반응이 매우 좋아 극장 관계자들이 앞으로 2~3년 동안 이탈리아에서 순회공연을 하자고 무용단 측에 제안을 해왔다.

2.3 해외공연에서의 문제점

해외공연에서 우선 언어의 장벽을 어떻게 극복해야 하는가의 문제가 아주 중요하다. 무대의 장면을 끊임없이 전환하면서 한국정서의 강조도 적당한 시점에만 시각적으로 삽입하는 편집기술이 필요한데 이는 아무리 이야기가 좋아도 그것을 받아들이는 관객이 이해하지 못할 경우를 대비한 방편이라 할 수 있다.

이 점에서 보면 이제 한 장르의 역량만으로 공연예술을 성공시키기란 불가능한 때가 아닌가 한다. 춤과 노래, 영상과 문자의 메시지, 그리고 인간 체온의 따스함과 기술의 무미한 차가움까지 모두 포괄할 수 없다면 언어가 다른 관객의 호흡에 파고 들 수 없다는 것을 인정해야 한다.

2.4 우리 전통소재에 대한 우려

다른 나라의 전통에 대한 접근은 모험을 시도하지만 낯선 전통을 겸손하게 받아들이는 것으로 이루어져야 한다. 이러한 자세가 주 관객인 이탈리아 인들에게 요구되는 바이다. 세계화를 위해 우리가 전력을 다해야 할 부분이 여기에 있는 것 같다. 우리의 문화와 전통은 충분히 독보적이고 매력적이다. 그리고 전통에는 선진국과 후진국의 구분이 있을 수 없다. 그 것은 단지 자국적인 것이다. 이를 세계에 들고 나가 세계의 핵심지에서 예술의 형식으로 보여주는 것이 경제적 신뢰의 회복만이 아니라 관광 유치에도 가장 확실하고 적극적인 도전이다. 문화콘텐츠산업의 현 수준에서 만들어낼 수 있는 공연제품을 모두가 힘을 모아 단 한 편만이라도 제대로 만들어 세련되게 다듬어서 국내든 해외든 큰 흥행을 일으켜 입지를 다져놓는 것이 필요하다.

2.5 가능성

이탈리아에 진출한 우리나라의 전통소재를 이용한 공연 중 초기작이라 할 수 있는 작품인 <해상왕 장보고>는 우리 공연의 가능성을 98년도에 이미 보여줬다. 하지만 그 후로는 꽤 오랫동안 이렇다 할 성과를 나타낸 진출 작이 없었는데 최근 안영미 무용단의 <신 춘향>이 8년이 지난 오늘날 전통을 이용한 공연의 가능성을 다시 한번 일깨워줬다. 이는 <해상왕 장보고>에 비해 매우 큰 성과로 나타났는데 특히 이탈리아에서 장기적으로 순회공연을 하자는 제안을 해왔다는 데에 큰 의의가 있다.

그래서 우리는 <신 춘향>의 성공 포인트를 벤치마킹하여 이탈리아에서 장기적으로 공연할 수 있는 또 하나의 '우리 것'을 만들어야 한다. 물론 우리의 목표는 우리나라의 '하회탈'에 대해 단지 알리기라도 하자는 것에 있지만 장기 공연은 공연 기획자라면 모두가 갖는 마음일 것이다.

3. STP

3.1 시장 분석

베니스는 항구도시이다. 베니치아는 국제영화제나 국제비엔날레 같은 행사를 개최하는 개최지의 역할을 하면서, 문화요소를 발전시켜가고 있다. 뿐만 아니라 베네치아의 구 시가지가 지난날의 공화국 번영시대의 모습을 그대로 가지고 있는 것과 같이 옛 문화들 또한 느낄 수 있는 곳이다. 베니스는 현대미술전시장, 아카데미아 미술관, 산마르코 대성당을 통해 알 수 있듯이 음악이나 미술, 건축 등의 문화활동이 활발하게 이루어지는 곳이다.

1) 이탈리아의 디지털콘텐츠시장확대

2004년 11억 유로 규모에 달했으며, 연간 30%의 높은 성장률을 보이고 있는 것으로 나타났다. 이탈리아 정부 및 관련 업계에서 발표한 자료에 의하면, 과거 전통적인 채널을 통해 서비스되던 콘텐츠시장이 새로운 미디어인 인터넷과 휴대전화를 통해 서비스되는 방향으로 급격히 변화하고 있는 것으로 조사됐다.

휴대전화사업자들과 인터넷 포탈 사이트를 통해 제공되는 영화, 음악,

컬러링, 게임, 뉴스서비스 등의 디지털콘텐츠시장은 앞으로 연간 25~30% 증가함으로써 2006년에는 온라인광고시장을 포함해서 19억 유로 규모에 달할 것으로 전망되고 있다. 이 같은 전망치는 2004년 이탈리아음반시장의 여섯 배, 전체 이탈리아 영화관 수입의 세 배 이상, 이탈리아 1부 프로축구 리그인 '세리에 아(SERIE A)' 전체 구단 수입의 열배에 해당하는 엄청난 규모다. 이처럼 전망이 좋은 시장을 선점하기 위해서 이탈리아의 각 통신 사업자들이 GPRS, UMTS 그리고 휴대전화 분야에 대규모 투자를 본격적으로 진행 중이며, 콘텐츠제작 공급업체들과의 구체적인 협력도 추진 중이다. 음악부문에서는 합법적으로 다운받을 수 있는 온라인 사업을 냅스터를 비롯한 메이저 업체들과 추진 중이고, 영화 분야도 미국의 대형 영화회사들의 동의 하에 서비스를 하기 위해서 협력사업을 협의 중이다.

2004년 이탈리아의 디지털콘텐츠시장을 분야별로 세분해보면, 컬러링서비스가 5억2000만유로, 휴대전화를 통한 뉴스와 게임 서비스 (Infotainment) 분야가 2억6400만유로, 온라인을 통한 비디오 및 영화 서비스가 8300만유로, 단순 뉴스서비스가 2900만유로, 음악서비스가 60만유로 등에 달하고 있다. 디지털콘텐츠가 제공되는 미디어별로는 휴대전화가 7억1500만 유로로 전체의 70% 정도를 차지하고 있으며, 인터넷을 통한 서비스규모는 2억9800만 유로로 30%미만에 그치고 있는 것으로 알려졌다.

2) 지구상에서 가장 우아한 축제 - 베네치아 카니발

매년 2월이면 베네치아에는 카니발의 계절이 돌아온다. 세계 각국에서 온 관광객들이 부두와 산마르코 광장을 가득 메운다. 형형색색이 가면과 환상적인 옷을 입은 사람들이 세계에서 가장 아름다운 공간의 하나인 산마르코 광장을 무대로 우아한 포즈를 취한다. 카니발 기간 중에는 누구도 그 자신의 가면을 쓰는 기쁨과 변장한 옷을 입는 매력으로부터 도망갈 수 없다. 가면복장으로 참여하는 주민과 방문객들은 다른 사람에게는 가면복장 차림의 자신을 보여주는 동시에, 그 자신은 마스크로 얼굴을 가리고 타인의 가면복장과 행동을 지켜보는 즐거움을 누리는 것이다.

① 카니발행사

카니발에 관련된 행사는 1400년대 중반부터 1500년대 말까지 그룹에 따라 색깔이 서로 다른 양말을 신고 일했던 베네치아의 젊은 귀족들의 단체인 콤파니에 델라 칼자(Compagnie della calza: '양말 단체'라는 의미)에 의하여 진행되었으며, 이들의 목적은 카니발 축제 기간 동안에 사용될 공연과 오락을 창안하는 것이었다. 1487년부터 1565년까지 베네치아 전체에 23개의 콤파니에가 있었다고 한다.

현재에 이르러 베네치아 카니발은 세계적으로 가장 유명한 축제 중의 하나가 되었으며, 이 기간 동안에 베네치아 시(市) 당국은 음악회, 미술전람회, 연극 등, 다양한 문화행사를 마련하는데, 이 중에서도 하이라이트는 가면 및 의상 대회라고 할 수 있다. 이 대회는 베네치아의 가장 화려한 중심 광장인 산마르코 광장에서 펼쳐져 과거로부터 전해 내려오는 가면 및 의상과 더불어 새롭게 만들어진 가면과 의상이 출품되어 과거와 현재가 만나는 장(場)을 이룬다. 시민들 또한 옛 전통의상을 입고 가면을 쓰고 시내를 돌아다니며 관광객들의 촬영대상이 되며, 자신들 나름대로 과거로의 여행을 즐기기도 한다.

베네치아를 점령했던 오스트리아와 프랑스의 카니발에 대한 곱지 않은 시선과 더불어 베네치아 공화국의 몰락은 카니발의 쇠퇴를 가져왔다. 전통적인 카니발은 부라노(Brano) 섬을 비롯한 작은 섬들에만 남아있게 되었다. 단지 1970년대 말에 와서야 베네치아 시민 개개인들과 시민단체들이 과거에 유명했던 카니발을 되살리기 위하여 헌신적인 노력을 하였으며, 1979년부터 베네치아 시와 카니발 전담 위원회가 베네치아와 육지 베네치아에서 재의 수요일 이전 10일 동안 행해지는 카니발 축제를 조직하고 이끌어 나가고 있다.

그 결과로 1979년에 모든 시민이 참여하는 행사가 탄생하게 되었고, 해가 갈수록 시민의 열의와 매스컴의 관심과 홍보, 많은 스폰서들이 참여함에 따라 베네치아 카니발은 그 규모가 매우 거대해졌고, 다양한 음악회와 연극, 전시회, 가면복장 대회 등이 열리는 카니발 동안에는 베네치아를 방문하는 수많은 외국인 때문에 베네치아 시민이 오히려 이방인처럼 느껴지고, 베네치아 시민을 위한 카니발이 아니라 이방인을 위한 카니발이라고 할 정도로 전 세계로부터 관광객을 끌어들이는 유명한 축제가 되었다

② 카니발은 하층민의 불만을 해소하는 장치

중세에는 계급의 구분이 명확했다. 지배계급(영주와 성직귀족)과 가난하고 착취당하던 피지배층(농노)의 구분이 명확하였다. 따라서 중세의 사람들은 카니발이 일 년 내내 엄격한 지배-복정관계로부터 벗어나 잠시나마 긴장을 풀 수 있는 기간이었다. 카니발 기간 동안은 모두가 동등했다. 거기에는 농노와 주인의 구분도 없었다. 도저히 넘을 수 없는 부와 사회적 계급이라는 장애물에 의해 가로막혀 있었던 사람들이 축제기간 중에는 광장에서 자유를 누릴 수 있게 되었다.

어떤 의미에서 축제는 비록 며칠에 불과하기는 하지만 현존진서가 뒤집어지는 기간이다. 농노가 주인이 되고 주인은 하인이 되는 기간이다. 예를 들어 축제기간에 축제에 참가한 사람들 중에서 카니발의 왕을 뽑게 되는데 이때 비록 짧은 기간이지만, 그리고 재미로 하는 것이기는 하지만, 농노가 왕이 될 수도 있는 기간이다. 그리고 축제행사의 재미있는 유희들은 공식

적인 봉건의식과는 다른 것이고, 그들이 사용하는 언어도 세련되고 고상한 공식적 용어보다 거칠고 실제적인 일반 서민들의 용어이다.

카니발의 열광 속에서 모든 사람들은 하나로 융화된다. 카니발 기간 중에 사람들은 마음껏 먹고 마실 수 있었다. 카니발의 이런 모든 점들은 일년 중이 특별한 기간으로 평소의 정상적인 규율을 범하는 기간이었다. 전통적으로 카니발 기간에는 비참한 조건하에서 살도록 강요당해온 피지배층의 불만을 오락을 통해서 터트릴 수 있도록 허용되었다.

카니발은 평소에 쌓였던 불만을 해소해주는 장치이다. 카니발은 항상 그래왔듯이 그 기간 중 우리로 하여금 권위를 조롱하고 비웃을 수 있도록 허용해준다. 따라서 옛날부터 전통적인 권력의 계층제가 카니발 기간 동안에는 사라졌다. 따라서 오늘날도 변장을 통해서 이탈리아와 세계의 정치적 사건들을 풍자하는 것은 카니발의 단골 메뉴의 하나이다.

엄격한 신분사회에서 잠시나마 긴장을 해소하게 함으로써 법과 질서가 정말로 위험하게 되는 것을 방지해주는 안전밸브와 같은 역할을 하는 카니발의 이러한 측면 때문에 지배계급은 카니발을 이해심을 갖고 방관하였다.

우리나라의 경우도 이와 다르지 않다. 안동의 하회 별신굿 탈놀이도 아랫사람들이 중심이 되어 양반이나 선비들의 잘못된 점이나 사회제도의 문제점들을 트집 잡아 웃음거리로 만들어 풍자하는 가운데, 아랫사람들이나 윗사람들의 차별 없이 민주적으로 평등하게 잘살 수 있는 사회를 만들어 가고자 하는 민중연극으로서 독자성을 지니고 있다 (임재해,1999 하회탈, 하회탈춤)

③ 영혼을 자유롭게 하는 가면의 세계

카니발은 오락과 제한받지 않는 즐거움을 통해 그들의 내면 깊은 곳에서부터 영혼을 자유롭게 하는 기간이고, 억압된 두려움과 불만을 해소하는 기간이다. 그러나 엄격한 신분사회에서 맨 얼굴로 그렇게 하기는 선뜻 내키지 않았을 것이다. 따라서 그들은 자신들을 가면과 변장으로 짐짓 꾸민 표정 뒤에 숨김으로써 인간 의식의 내면과 평소에 방해받아 온 측면들을 드러내는 것이다.

가면과 가장의 세계는 신비하다. 거기에는 우리 인간성의 깊은 뿌리와 연결된 측정할 수 없는 세계가 있다. 그것은 시도해보고 참여해볼 가치가 있다. 가면은 우리를 변화시켜서 다른 사람이 되게 한다. 그것은 우리들의 억압된 꿈과 감춰진 열망을 투영하는 것이요, 심지어 우리 시대의 사람과 사건들을 풍자함으로써 사람들을 웃기는 방식이기도 하다. 그러므로 카니발에는 해학과 풍자, 유머와 위트가 넘친다.

④ 산마르코 광장을 무대로 펼치는 우아한 가면 패션쇼

축제기간 중의 산마르코 광장은 거대하고 우아한 야외 패션쇼를 방불케한다. 특히 중세 귀족풍의 의상과 가면으로 치장한 사람들이 많고 대부분 우아하고 환상적인 분위기를 자아내는 옷차림으로 참가하고 있다. 이와 같은 베네치아 카니발의 독특한 분위기는 과거 베네치아 공화국의 영화를 의식적으로 암시하는 것이기도 하다.

독특한 복장을 한 참가자들이 나타날 때마다 관광객들은 사진을 찍기 위해 우르르 몰려든다. 세련된 포즈에 넋을 빼앗기고, 아름답고 창조적인 의상을 볼 때마다 마음속으로부터 탄성이 터져 나온다. 알 듯 모를 듯, 가면 뒤에 가려진 사람은 어떤 사람일까 하는 생각은 가면을 쓴 사람을 더욱 신비하고 모호하게 만든다.

⑤ 축제 참가자의 절반은 외국인

베네치아는 관광으로 살아가는 도시이다. 연간 2,000만 명의 관광객이 베네치아를 찾고 있다. 카니발 기간 중에는 약 80만 명의 관광객이 베네치아를 찾고 있다. 이들 중 내국인과 외국인의 비율은 반반 정도인데 외국인 방문객은 주로 프랑스, 미국인, 이스라엘 사람들이 많이 온다. 프랑스인들이 많은 이유는 바로 이웃해 있는 나라이기도 하지만 카니발 시기가 소위 그들이 '스키방학'이라고 부르는 프랑스의 겨울방학기간이기 때문이다.

동양인 관광객 중에는 일본인이 비교적 많다. 이들 일본인 관광객들은 대부분 카니발의 기분에 동참해보고자 가면과 의상을 사 입고 삼삼오오 산마르코 광장을 돌아다니는데, 우리가 보기에는 아무래도 좀 어색해보였다. 그러나 마쯔리의 나라 일본이 아닌가? 그들의 동참의식은 자연스러운 것이리라.

3.2 소비자 분석

이탈리아 사람들은 문화를 존중한다. 자신들의 문화를 아끼고 사랑하는 선천적 자부심이 깃들여져 있다고 볼 수 있겠다.

1) 이탈리아인 : 여러 지방 주민의 집합

이탈리아인은 하나의 민족이 아니라 여러 지방 주민들의 집합이다. 그들은 우선 로마 사람, 밀라노 사람, 시칠리아 사람, 피렌체 사람 하는 식으로 따진다. 이탈리아 국민이라는 것은 그 다음 문제이다. 실제로 토리노와 바리, 나폴리와 트리에스테는 고속도로와 철도, 그리고 가톨릭교회를 빼고 나면 다른 연결수단이나 닮은 점을 찾아 볼 수 없다. 이렇듯 이탈리아는 지방색이 매우 뚜렷한 나라이다. 고향에 대한 자부심이 지나쳐서 경쟁심을 유발하고, 다른 지방 사람들을 우습게 여기는 사람도 많다.

이탈리아의 희박한 민족 정서를 꼭 나쁘다고 할 수 만은 없다. 흥분 잘하는 이탈리아 국민들이 호전적 군국주의나 국수주의에 빠지지 않는 것이 그 덕분인지도 모르기 때문이다. 이탈리아인은 모든 분쟁을 적당한 타협이나 유화책으로 해결될 수 있다는 사실을 잘 알기 때문에 되도록 정면충돌을 피하려는 경향이 있다. 그런 만큼, 만약 이탈리아를 침략하려고 하는 나라가 있다면 쓸데없이 아까운 군인들을 총알받이로 만들지 말고 그들과 거래를 하는 편이 나을 것이다. 적당한 대가를 받기만 한다면 나라까지도 팔아 버릴 수 있는 사람들이 바로 이탈리아인이다.

2) 이탈리아인의 주된 특성

이탈리아인에 대한 전형적인 고정관념은 시끄럽고 열정적이며 교활한 지중해 연안 민족으로서, 여러 가지 면에서 빼어나고 창조적이지만 안타깝게도 게으르고 또 거짓말을 잘 해서 제 능력을 다 발휘하지 못한다는 것이다. 또 이탈리아 국민들은 훌륭한 예술 작품이 많은 아름다운 나라에 살고, 유쾌하고, 농담을 즐기며, 디자인과 패션, 음식 등에서 남다른 재능을 가지고 있다고 한다. 이탈리아 노래와 요리는 세계적으로 정평이 나 있지만, 이탈리아인은 무슨 일을 조직하거나 줄을 서서 기다리는 일에는 소질이 전혀 없다.

강렬한 냄새와 소란함, 화려한 색깔, 정열과 무질서 이탈리아 사람들은 예의가 바르고 매너도 훌륭하다. 인사를 나누는 것도 중요하게 여긴다. 육체적 접촉을 좋아하기 때문에 악수와 키스도 아주 즐겨 한다. 하루 전 또는 그날 아침에 본 적이 있으면서도 또 만나면 진심으로 다정하고 반갑게 인사를 한다.

이탈리아 사람들은 임기응변에 거의 통달해 있으며, 예나 지금이나 어떤 상황에서도 최선의 결과를 얻는 능력으로 국내외에서 정평이나 있다.

3) 중요한 것은 아름다움

이탈리아인은 문화를 대단히 존중한다. 자기 문화유산이 엄청난 가치를 지니고 있으며, 그것이 이탈리아 국부의 주요 원천 가운데 하나라는 것을 잘 안다. 예나 지금이나 예술적 창조 행위의 중요한 동기는 부의 창출이지만 그게 전부는 아니다. 종교, 미적 감각, 영적 이해력 등이 모두 중요하다. 하지만 가장 중요한 것은 무엇이든 아름답게 만들어야 한다는 이탈리아인들의 선천적 자부심일 것이다. 만사가 제대로 작동되어야 할 필요는 없으며, 영구적이어야 하는 것도 아니다. 중요한 것은 아름다워야 한다는 것이다. 이탈리아인은 어떤 것이든 일단 아름답게 만드는 데 신경을 쓰고, 그 다음에야 영구적으로 작동하게 할 수는 없을까 고민한다. 발렌티노 옷, 피닌파리나 자동차, 베네치아의 산호섬 작업장에서 만드는 유리 곤돌라, 길거리의 성모와 아기 예수 상, 신선한 파스타 요리 등 여하튼 모든 일에서 다 마찬가지다.

4) 인생은 한바탕 연극이다

이탈리아 사람들은 대단한 배우여서, 인생살이가 한 판의 연극처럼 보이는 경우가 종종 있다. 그들은 인생의 대부분을 남에게 잘 보이기 위한 일에 쓴다. '벨라 피구라'(멋진 등장인물, 주연 배우)가 되는 것이 얼마나 중요한지 잘 알고 있기 때문이다. 슈퍼마켓에서 쇼핑을 하거나, 레스토랑에서 일을 하거나, 의사에게 진찰을 받으러 가거나, 이탈리아인들은 언제나 주어진 역할을 제대로 소화해 내려고 한다. 어릴 때부터 연기를 어떻게 하는지

배우고, 또 평생 동안 연기를 하면서 살아가는 것이다. 일상생활이 다 무대 위의 연극 같아서 그런지 이탈리아 연극을 보면 어쩐지 과잉 연기를 하는 것처럼 보인다. 연극을 실제생활과 다르게 보이려면 그렇게 할 수밖에 없는 것이다.

5) 알레그리아 : 풍유 또는 웃고 떠들기

'알레그리아'(현실을 재담으로 비꼬거나, 빙빙 돌려서 말하거나, 심각한 일까지도 우스갯거리로 만드는 그런 태도와 분위기를 말하는 것으로 본다)는 아웃사이더로서는 들여다보기가 쉽지 않은, 삶의 전반적인 활기와 즐거움을 가리키는 말이다. 그것은 존재의 기쁨과 관련되어 있고, 좋은 날씨와 친구들, 모두가 공감하는 고매한 정신 등을 내포하는데, 이것이 이탈리아 사람들이 자주 함께 웃는 것처럼 보이는 이유이기도 하다.

'알레그리아'는 전염병과 같아서 분위기를 타지 않고 혼자 놀면 따돌림을 당한다. 산으로 소풍을 가는 가족은 좀 심하다 싶을 정도로 이런 분위기를 과시한다.

6) 옷이 말을 한다.

이탈리아 사람들은 언제나 상황에 맞추어 제대로 옷을 차려 입는 일에 크게 신경을 쓴다. 우연히 아무 옷이나 입는 일은 있을 수 없고, 있어서도 안 된다. 특히 각자가 맡은 역할에 맞는 옷을 입는 것이 매우 중요하다. 역장은 역장처럼 보이도록 제복을 입고, 인생이라는 장편 영화의 등장인물답게 배역을 수행해야 한다.

7) 속물은 아니지만 돈을 좋아한다.

이탈리아 사람들은 전혀 속물적이지 않다. 하지만 사람을 사회적으로 구분하는 것은 재산에 근거를 두고 있다. 돈이 있는 사람은 비록 잠시 동안 일지라도 자기가 좋아하는 곳에 제 마음 대로 돈을 쓰고 또 과시한다. 그런 사람은 어디서나 유지 대접을 받는다.

물론 그에 맞게 돈을 쓸 수 있는 순간까지 만이다.

8) 빽에 살고 빽에 죽는 비즈니스

빽은 호의, 직업, 또는 영향력을 주고받는 이탈리아의 비즈니스 세계의 핵심이다. 매사가 건전하게 돌아갈 수 없게 만든다는 점에서 이것은 몹시 고약한 현상이다. 하지만 좋게 보자면 '죽마고우' 네트워크 같은 것으로서 자격증만 보고는 진짜 능력을 믿을 수 없는 사회에서는 필요한 관행이라고 할 수도 있다.

9) 현실적인 이탈리아인

이탈리아사람은 처음 만날 때 단기적이고, 확실한 결과를 기대하려고 한다. 자기에게 구체적으로 어떤 이익이 오게 될 지를 계산한다. 따라서 이탈리아인과 거래할 때 메시지를 가급적 개인적 차원으로 바꿔 전달해야 한다. 막연하게 장래에 어떻게 될 것이라는 장기적 비전은 별 설득력이 없다. 상대방의 의도를 빨리 파악하려면 개인차원의 안경을 끼고 관찰해야 한다. 실용적이고 현실적인 이탈리아사람은 독일적 정신, 환상, 꿈 등의 단어와는 거리가 멀다.

만일 이탈리아 파트너가 대답을 복잡하게 하거나 핵심을 피하고 주변을 맴도는 태도를 보이면 이는 부정적인 대답으로 보아야 한다. 꽃으로 장식한 화려한 대답도 역시 부정적으로 해석해야 한다. 불편함을 느끼거나 상대방의 생각에서 자기 자리를 찾기 어려울 때 이탈리아인들이 보이는 대응 방식이다. 말로 표현은 않더라도 그 뒤에 있는 생각을 파악하려고 부지런 히 머리를 돌리는 것이 이탈리아 사람의 태도이다. 분명하게 대답을 하지 않아서 상호간의 이해가 어렵다. 기업 내에서도 마찬가지이다. 경영자의 가장 큰 애로의 하나가 기업 내 커뮤니케이션 문제이다. 이는 이탈리아에 대기업이 별로 없고 중소규모 기업이 많은 이유와 무관치 않다. 경영자가 마음대로 할 수 있고 자기 의지를 충분히 펼 수 있는 작은 규모의 기업이 필요한 것이다. 이탈리아에는 중소규모의 가족기업이 많다. 가족끼리만 터 놓고 얘기할 수 있는 것이다. 일본처럼 종신고용이 일반화돼 있다. 상대방 에 대한 존중과 거리감은 항상 유지된다. 물론 상대방에게도 이러한 태도 를 기대한다. 개인과 개인의 관계가 절대적으로 중요한 요소로 들어있는 것이 이탈리아 비즈니스 문화이다.

그림 52 - 베네치아 전경

10) 가족 중심의 사회

이탈리아에도 마마보이를 뜻하는 은어가 있다. 거기에다 결혼 후에도 어머니의 간섭이 심해 종종 며느리와 시어머니사이에 고부 갈등이 있기도 하다. 하지만 이탈리아 또한 서양의 문화에 속해 있다 보니 개인적인 성향의 문화도 뚜렷하다. 예를 들어 자식이 자신의 주장을 펼치면 부모는 친구의 입장에서 대답을 할 뿐, 절대 부모의 입장에서 참견하는 일은 없다. 또한 아무리 부모에 대한 생각이 깊다 하여도 우선은 자신의 입장을 먼저 생각하고 움직인다.

3.3 포지셔닝 - 한국인들의 선물 탈 ⇨ 작은 한국 탈

4. 프로젝트 세부내용

4.1 장르

무언극이다. 무언극(팬터마임[pantomime])으로 대사 없이 몸짓표현만으로 사상·감정을 표현하는 모든 연극적 형식이다. 무언극·묵극(黙劇)이라고도 부른다. 어의(語意)는 그리스어 판토(panto:모든 것)와, 미모스(mimos: 흉내 내는 사람)에서 유래하며 인도·이집트·그리스 등지에서 싹트기 시작했으나, 기원전 5세기 그리스의 명배우 테레스가 손가락과 몸짓으로 표현법을 완성한 것이 그 시초라고 한다. 이것이 명확하게 연극적 형태를 갖추고 성행하게 된 것은 로마 제정시대부터이다. 당시 미메(mime)·미무스(mimus)라는 흉내 내기 본위의 연극이 있었으나, 그와 비슷한 것으로 무언의 흉내 내기 극에 주어진 이름이 팬터마임이었다. 여러 종류

의 악기와 코러스를 반주로 하는 비속하고 호색적인 내용의 오락연회였다. 로마의 팬터마임은 그 뒤 르네상스기를 거쳐 근대 유럽 제국의 각종 무대 예술 속에 여러 가지 형태로 그 전통이 전해진다. 16세기 이탈리아에서 일어난 즉흥희극 코메디아델라르테는 아를레키노·판 탈로네 등 많은 유형적 배역을 지어냈는데 이들이 나중에 팬터마임의 전형적 인물이 되고, 특히 페트로에이노에서 나온 피에로는 그 중심적 인물이 되어 '피에로 무언극'으로서 전 유럽에 널리 퍼졌다. 우리가 무언극을 선택한 이유는 가장 첫 번째로 언어 장벽의 극복이다. 이것은 우리나라에 공연하는 것이 아니기 때문에 언어에 대한 장벽이 존재한다. 따라서 우리는 무언극으로 언어에 대한 장벽을 줄이고 우리의 문화에 대해서 사람들에 보여주고자 한다. 무언극은 연기자들의 몸짓과 얼굴 표정이 공연의 성패를 결정한다. 그러나 우리는 소재의 특성상 얼굴에 탈을 쓰고 공연을 하기 때문에 그것에 대한 극복 방안을 세워야 한다. 극복 방안으로는 극의 멀티화이다. 극의 멀티화라는 것은 최대한의 극적 장치를 사용하겠다는 것이다. 의상으로 사람의 계급이나 역할 등을 나타낼 것이며 음악과 조명 등으로 감정 표현을 한다.

4.2 타깃

우리의 메인 타깃은 외국문화에 대한 거리감을 덜 느끼는 이탈리아의 25~35세 성인 남녀이다. 이것은 우리가 동양 국가임에 외국 문화에 대한 거리감을 느끼지 않는 젊은 성인을 조사한 것도 있지만 내용상으로 사랑이라는 전 세계 공통적인 언어로 인해서 사람들의 감성을 자극하겠다는 것이다. 특히 25~35의 성인 남녀로 잡은 것은 결혼을 생각할 나이이고 우리의 주인공들과 가장 비슷한 나이 대이기 때문이다. 세계 어디서나 사람의 마음은 통하기 마련이다. 주인공들의 모습을 보면서 메인 타깃 층과의 정서적 마음의 차이를 줄이는 것 또한 바라는 바이다. 서브 타깃은 실제 공연관람의 두드러지고 구매력을 갖추고 있는 구성원인 노년층이다. 이탈리아의 연극 산업을 이끌고 있는 것은 젊은 층보다는 노년층에 더 많은 비중을 차지하고 있기 때문이다. 또한 탈이라는 동양적 오리엔탈리즘을 통하여 자신의 문화와는 다른 문화를 볼 수 있는 지혜를 가진 나이이기도 하다.

4.3 기획의도

우리 문화원형 콘텐츠의 세계화 및 산업화이다. 현재 문화 콘텐츠 진흥원에서는 문화원형 공모 사업을 통하여 콘텐츠의 핵심바탕에 씌어질 우리의 문화 원형을 복원 중에 있다. 이는 우리 문화의 우수성을 세계에 알리기 위함이기도 하며 그로 인해서 가져올 기대효과를 예상하기 때문이다. 우리가 많은 문화원형 중에서도 굳이 탈을 선택한 이유는 우선은 한국을 찾는 외국인에게 친숙하기 때문이다. 외국인 관광객들이 우리나라의 기념품으로 탈을 구입한다는 조사가 있고, 탈의 질박함에 매력을 느낀다는 이야기도 있다. 또한 한국의 탈은 다른 곳에서는 볼 수 없는 이야기 구조를 가지고 있다. 이는 탈이 가진 이야기 구조를 열린 구조 형식으로 변화하면 무한대적인 이야기를 만들 수 있다는 점에서 탈을 주제로 하고자 한다. 그동안 동북아 내에서 문화 콘텐츠 교류는 활발했다. 바로 그 예로 강타와 겨울연가를 들 수 있다. 또한 대만의 우젠 하오나 한국의 강타처럼 그룹을 결성하여 아시아권 시장을 노리고 있기도 하다. 하지만 현재 아시아권이 아닌 유럽이나 북미시장에서 문화 콘텐츠 교류는 활발하지 않다는 점이 우리 문화 콘텐츠 산업의 한계라고 할 수 있다. 유럽시장은 아직 개척 단계에 불과하다. 그러나 유럽은 이런 대중문화 콘텐츠 보다 한글과 동양의 선과 같은 오리엔탈리즘으로 이루어지는 동양의 신비에 대해서 관심이 많다. 이

점은 우리의 문화 원형으로 진출하기에는 좋은 조건이라고 해석된다. 그래서 우리는 유럽의 국가를 선택하기로 했고 그 중에서도 같은 반도국가로 비슷한 민족성을 가지고 있는 이탈리아를 선택하기로 했다. 이탈리아는 탈, 즉 가면을 사용한 축제가 이미 진행이 되고 있기 때문에 탈에 대한 거부감이 크지 않을 것이라고 판단된다. 또한 이탈리아가 세계적인 가면 축제인 베네치아 카니발 개최국이라는 점은 우리의 탈을 세계적으로 알릴 수 있는 좋은 기회를 제공할 수 있다고 보기에 충분하다.

4.4 구체적인 기대효과

우리의 탈에 대해서 이탈리아인에게 알리고 그 알리는 것으로 인해서 우리 문화의 우수성을 세계에 알리는 것이다. 백범 김구 선생의 <나의 소원> 중 우리나라를 살펴보면 "나는 우리나라가 세계에서 가장 아름다운 나라가 되기를 원한다. …중략… 오직 한없이 가지고 싶은 것은 높은 문화의 힘이다. 문화의 힘은 우리 자신을 행복 되게 하고, 나아가서 남에게 행복을 주기 때문이다." 문화의 힘은 위대하다. 영국이 다른 나라를 식민지로 삼았으나 결국 그 식민지들이 영국연방으로 모여서 영국을 떠받들고 있다는 점은 영국이 무력으로 통치를 한 것이 아닌 문화로 통치했음을 입증하는 것이다. 탈로 인해서 우리가 세계의 사람들을 통치하고 우리의 신민으로써 거느리자는 것은 아니다. 하지만 동방의 작은 나라에 대한 문화를 알리어 우리의 문화가 그 어느 나라에 비추어 보더라도 결코 뒤떨어지지 않음을 알리는 것이다.

이것에 대한 한 예로 우리나라와 대만과의 관계를 들 수 있다. 1992년 중국과 수교하면서 대만과 수교를 단절하였는데 그 이후로 대만에 거주하는 한국인들이 많은 모욕을 받았다고 한다. 그러나 1997년 이후로 한류열풍이 확산이 되면서 이제는 어딜 가더라도 한국하면 우대해준다고 한다. 이것이 바로 문화의 힘이다. 우리는 이런 문화의 힘을 기대하고 있다. 현재는 분쟁의 위험성이 높은 동아시아의 국가이나 그 국가의 민족문화는 대단하다는 것을 알리는 것이다.

우리의 좋은 유산인 문화를 세계에 알릴 수 있는 기회가 되는 것이다. 우리의 문화를 알게 된 사람들이 곧 우리나라의 가치를 알게 될 것이고 문화를 더 알고자 할 것이다. 그렇다면 그것은 곧 우리나라의 이미지 재고에도 도움이 될 것이며 관광객 유치에도 큰 도움이 될 것이다. 관광객의 유치는 결국 국가 수입의 증대로 이루어질 것이며 국가 이미지의 향상은 무역업이나 외교에도 선점적 위치를 차지하게 된다.

4.5 줄거리

우선 줄거리를 설명하기 전에 '탈' 의미에는 세 가지가 있다. 하나는 사랑이 '탈'이다. 남녀간의 간절한 사랑이란 그것이 충족되지 못할 때 '탈'을 낼 가능성이 항상 잠재되어 있다. 다음은 금기를 어긴 '탈'이다. 금기는 지키기 위해 있는 것인데, 때로는 이 정도 금기를 어겨도 좋지 않을까 하고 자기 마음 편한 대로 해석하기 일쑤다. 우리가 살아가는 일 중에는 여러 가지 '탈'이 있지만, 죽음이야말로 '탈' 중의 '탈'이라고 할 수 있다. 죽음의 '탈' 때문에 이매 탈이 미완성으로 남을 수밖에 없는 '탈'이 되었다. 따라서 하회탈은 만들어지는 과정에서 몇 가지 '탈'이 있었던 까닭으로 그 '탈'을 줄이는 데 아주 기능적인 구실을 하게 되었다. 그러므로 하회탈은 뜻밖의 '탈'로 빚어진 탈로서 '미완성 탈'의 특징을 가지고 있다.

1) 작품의 시대적 배경: 2002년도 대한민국의 안동

2) 등장인물소개

① 헐즈: 1972년 출생, 윗대서부터 자개농을 해오던 선조들의 솜씨를 이어받아 조각을 시작하게 되었고 올해로 나이가 마흔이 넘는 나이지만 외모는 준수하며, 급하지 않은 성격에 여성을 위하는 착한 마음씨를 가지고 있다. 결단력이 없지만 한번 일을 내면 내고야 만다는 다혈질의 소유자. 사랑하는 림을 위해 모든 걸 할 수 있다는 각오를 가지고 있지만 뜻대로 되지는 않는다.

② 림: 1980년 헐즈 어머니의 두 번째 남편에게서 얻어진 헐즈와는 아버지가 다른 누이동생. 커가며 오빠에 대한 사랑을 느끼게 되고, 진보하는 젊은 여성으로 간호학을 공부한다. 림은 마음이 여리고 겁이 많고 불운한 운명을 맞이하게 되는 여자이다. 사랑하는 사람을 위해 자신을 버릴 수 있는 외유내강형 여자상이다.

③ 소울(헐즈와 림을 낳은 어머니): 힘들게 기른 자식들이 운명을 거스르는 사랑을 한다는 것을 알고 난 뒤 몹시 괴로워한다.

④ 파밀(헐즈의 아버지): 예전에 버린 헐즈와 소울을 그리워하다 다시 찾아왔으나 자기의 자리를 잃어버린 파밀은 마지막 선물로써 선을 하나 그어주는데 그것은 바로 림의 죽음이었다. 파밀은 그것이 최선의 방법이었으며 소울이 괴로워하는 모습을 바라보기 힘들어해 또 다시 자기의 왔던 길로 되돌아간다.

3) 줄거리

① 도입 - 헐즈와 림은 신명나는 탈춤으로 무대에 등장한다. 엄마가 무대에 올라오고 헐즈와 림이 "엄마야!" 하고 무대에서 사라진다. 엄마는 사라지고 헐즈가 림을 안고 울면서 작품은 시작된다.

② 전개 - 조각가인 헐즈와 간호사인 림은 같은 장소에서 자기 공부를 하고 있다. 헐즈는 그의 동생 림을 사랑하지만 다가갈 수도 물러설 수도 없는 사랑에 스스로 몹시 괴로워한다. 헐즈는 림에게 미국으로 떠나서 둘의 사랑을 이루자고 제안하지만 림은 자신의 운명과 보장이 없는 헐즈에 대한 사랑을 생각하며 가족을 쉽게 버릴 수 없었다. 림은 부모를 한없이 원망하지만 어찌할 수 없다는 것을 누구보다 잘 알고 있다. 그래서 림은 헐즈를 일부러 멀리하고 외국으로의 혼자 유학도 생각해 보았다. 집에서 헐즈의 애정공세에 림은 어찌할 바를 몰랐고 일부러 애써 외면하고 조각하는 일에만 관심을 가졌다.

③ 위기 - 림의 웃는 얼굴을 보기 위해선 바다거북을 보여주지 않고 장난만 쳤다. 헐즈는 매일 림에게 신명나는 바다거북을 조각하고 있다고 하면서 림의 관심을 받고 싶어 했다. 림은 헐즈의 바다거북이 너무 궁금하였지만 그는 절대 보여주지 않았다. 둘은 같은 장소에서 바다거북이든 서랍장을 여는 실랑이를 벌이다가 안긴 채로 엄마를 마주하게 된다. 이때 엄마의 고요하고 슬픈 춤사위가 펼쳐진다. 아주 조용하고 느린 음악의 탈춤이다. 소리 내어 울 수도 없는 엄마의 비정한 마음을 잘 표현한 음악이다. 헐즈와 림은 할말이 없었다. 설명할 수도 없었고 이때 이 둘은 망부석으로 변해 눈물만 흘린다. 엄마는 자기를 한탄하며 운명도 이리 모진 운명이 없음을 한탄하고 하늘을 향해 눈물을 흘리며 슬픈 춤을 춘다. 헐즈와 림은 어디로 갈 수도 없고 눈물만 흘리며 두 사람의 한 어머니를 보고 서있다.

④ 절정 - 이때 헐즈를 낳은 아버지가 등장하게 된다. 권력과 부를 쌓은 헐즈의 아버지(파밀)는 옛 정부인 헐즈의 어머니(소울)를 그리워 해 늦게나마 찾아와 그 슬픈 춤사위를 목격하게 된다. 헐즈의 아버지는 소울을 안아 주려고 하나 어머니는 그를 버렸던 파밀을 다시 한번 원망하게 된다. 그래도 자기를 다시 찾아준 파밀을 밀쳐내지 못하고, 이런 자신의 마음에 빗대

어 두 자녀들을 되돌아본다. 둘 다 버릴 수 없음으로 인해 어머니 소울은
더욱 괴로워한다.

아버지 파밀은 다 커버린 힐즈를 안아보려 하지만 힐즈에겐 아버지도
어머니도 보이지 않고 오직 림의 슬픔에 대한 걱정뿐이었다. 괘씸한 아버
지는 림을 죽이려고 한다. 아버지는 자기의 친자도 아닌 림을 괜히 미운
눈으로 바라보고, 림에게 살인 청부업자에게 시켜 운명을 역행해서는 안
되는 인간들의 금기를 깬 죄를 묻는다. 림은 처음엔 이건 아니에요라며
저항하지만, 다른 한편으로는 좋은 방법이라는 생각이 들어 최후의 발악
끝에 마지막엔 쓴웃음으로 생을 마감하게 된다. 파밀은 자기가 그 동안
가장으로서 못한 일을 끝냈다는 뿌듯함을 느끼면서 또다시 그들 곁을 떠나
게 된다.

⑤ 결말 - 어머니와 힐즈는 말 못할 슬픔에 빠져버렸고, 힐즈는 림이 보
지 못한 서랍 속의 신명나는 바다거북을 꺼내어 보는데 이는 다름이 아닌
조각을 다 마치지 못한 림의 형상을 한 탈이었던 것이다. 이룰 수 없는
사랑임을 이미 알았던 힐즈는 거북이라고 하면서 림의 관심을 얻고자 하였
고, 그로 인해 림의 장난기 많은 얼굴 표정과 모습을 얻어냈는데 림의 죽음
으로 인해 탈은 완성되지 못하였다. 부둥켜안고 울다가 힐즈는 자신의 운
명을 맡겨보고자 그 탈을 쓰고 림의 옷을 꺼내 입고 춤을 춘다. 미완성된
부분은 울고 있고 만들어져 있는 탈의 모습은 환하게 웃고 있다.

이는 원래 하회탈의 전설을 각색하여 만들었다. 하회탈이 만들어진 시기
는 대략 고려 중엽 약 12세기경으로 추정되는데, 당시 하회마을엔 허씨들
이 집성을 이루고 살고 있었다. 그때 마을엔 재앙이 들어 사람의 힘으론
도저히 막을 수 없었다. 당시 마을에 살던 허도령이라는 사람의 꿈에 신이
나타나 "탈을 12개 만들어서 그것을 쓰고 굿을 하면 재앙이 물러갈 것"이
라고 계시를 하며 탈이 "다 만들어 질 때까지 누구도 들여다보게 해서는

안 된다"는 금기까지 일러주었다고 한다. 꿈속에서 계시를 받은 허도령은 그때부터 목욕 재개하고 문밖엔 금줄을 치고 안에서 문을 걸어 잠근 채 두문불출하며 오랜 시간 동안 입신의 경지에서 탈 제작에 몰두하고 있었다. 그때 한마을에 살던 허도령을 사모하던 처녀가 문밖에 금줄을 치고 두문불출하는 허도령이 몹시 그리워 어느 날 금줄을 넘어 허도령이 탈을 만드는 방문의 구멍을 뚫고 들여다보았다. "누구도 들여다보게 해선 안 된다"는 신의 금기가 깨어지는 순간 허도령은 그 자리에서 피를 토하면서 죽었다. 그때 마지막으로 만들던 '이매'탈은 턱을 채 만들지 못한 채 허도령이 죽음으로서 지금까지 턱이 없는 채 전해져 오고 있다고 한다. 허도령이 헐즈이며 처녀가 림이고 완성되지 못한 탈이 이매이다.

4.6 디자인

1) 의상 - 의상은 왕의 남자를 벤치마킹하였다. 이탈리아인들은 화려한 색감을 좋아하기 때문에 우리 전통 의상에 이탈리아적인 색을 가미한 개량

한복을 의상으로 채택한다.

2) 음악 - 퓨전 국악으로 양방언<pano O rama> (2001년 작)에서 모티브를 얻어 동양 음악과 서양 음악의 조화를 꾀했다. 양방언팀에게 작곡을 부탁해 그 스타일의 음악으로 신명나는 춤사위와 절망적인 비극을 표현한다.

무언극이므로 의상과 음악의 조화와 그것으로 표현하는 함축적인 극의 내용 전달이 무엇보다 중요하다.

4.7 벤치마킹 : 신 춘향

1) 작품 소개

'신 춘향'은 판소리 '춘향전'을 무용으로 재해석한 작품이다. 정절을 주제로 했던 기존 춘향전 해석을 뛰어넘어 춘향을 신분질서를 뛰어넘는 자유연애를 한 여인으로 표현한다. 이를 표현하기 위해 안은미는 공연 중 때로는 정숙한 처녀의 모습을, 때로는 윗옷을 훌렁 벗어 던지고 상체를 뒤틀며 욕망을 드러내는 여인의 모습을 보여준다. 안은미는 옥중 춘향의 어지러운 꿈속에서 이 도령과 변사또가 동성애를 나누는 장면을 삽입하는 등 춘향전에 자신만의 도발적 상상력을 가미하는 것도 서슴지 않는다. 신 춘향은 판소리 춘향전을 바탕으로 한 것이지만 한국의 전통에 안주하지 않는다. 동양과 서양, 과거와 현재의 경계를 녹여버리는 듯 하다. 각 파트별 (음악, 미술, 무용) 최고의 아티스트들이 모여 최고의 무대를 만들고, 안무가 안은미는 파격적이고 고정관념을 깬 안무로 주목을 받고 있다. 안은미는 현지 평가단으로부터 '아시아의 피나바우슈'라는 격찬을 들을 정도였고, 신 춘향은 세계 문화 속에서 경쟁력 있는 콘텐츠로 자리 잡았다.

2) 공연규모

과거에 이미 네덜란드, 이탈리아 등을 돌며 한국적 정서에 대한 찬사를 받은 공연이다. 암스테르담 뮤직헤바우에인트제이 극장에서 열린 공연에서는 기립박수가 터져 나오기도 했다. 벌써부터 해외에서 공연요청이 쇄도해 2007년 영국, 2008년 이탈리아 등 유럽공연일정도 빡빡하게 잡혔다. 또한 이번 5월 12일~14일에 걸쳐 국내공연을 마쳤다. 유럽의 저명한 예술감독과 기획자, 세계적인 아티스트들이 극찬한 작품으로서, 아시아에선 유일하게 2006 세계 음악극 축제(World Music and Theater Festival)에 참가했다. WMTF는 유럽뿐만 아니라 아시아, 라틴아메리카, 아프리카 등의 작품을 유럽에 소개하여 세계적인 명성을 얻게 하는 행사이다.

3) 성공요인

신춘향의 안무가 안은미씨는 국내에서 작품외적인 것으로 더 많은 주목을 받아왔다. 빡빡머리, 토플리스(상반신누드)로 대표되는 도발성, 엽기코드가 그것이다.

영국 런던에서 발행되는 유럽의 무용전문지 <댄스유럽>에서는 "안은미의 극적인 색채 사용, 놀라 입이 벌어질 정도로 수많은 창의적 포즈와 동작을 만드는 인체의 극적인 활용은 숨이 막힐 정도"라고 표현했다.

① 색채 : 신춘향의 무대는 온통 붉은색이다. 마치 당집에 온 것과 같은 착각이 드는 것은 당연하다. 그것은 오색찬란한 키치미학이기도 한데, 한때 홍대 앞에서 놀았던 전력이 바탕에 깔려있다. 안은미는 원색적이며, 어정쩡한 색깔을 쓰지 않는다. 원색의 보자기는 만능이다. 허공에 보자기를 던져날리고, 사람을 태워서 이끌고, 몸에 두르기도 한다.

② 몸짓 : 전속력으로 뛰어다니던 무용수들은 어느덧 천천히 기어 다닌

다. 무대 양옆에서 기어 나오는 몸은 유기체에 대한 섬뜩한 각성이다. 안은미의 몸짓은 매번 진화한다. 그것은 철학적이며 서늘한 아름다움이다. 안은미는 남성중심의 사회에서 '춘향' 캐릭터가 어떻게 보이토이를 넘어 자기결정권을 가지게 되는지에 주목한다. 아름다움과 추함, 슬픔과 기쁨, 금욕과 쾌락주의, 캠프와 절제는 안은미가 생각하는 세계의 실상이다. 상대주의도 이분법도 아닌 지금 여기의 각성이 안은미의 춤이다.

안은미의 춤은 한국의 유장한 시냇물과 숲의 바람, 이름 없는 사람들의 목소리를 담고 있다. 또한 자연과 인간이 공존하고 살던 시대가 담겨있다.

그녀의 안무는 화려하고 정신없어 보이는 몸짓이지만 문명의 진흙 밭을 딛고 진정한 행복의 가능성을 탐지하는 상형문자이다.

③ 알몸 : 객석의 불이 꺼지고 무대가 밝아지면 한 무리의 알몸들이 바닥에 누워있다. 그것이 남자인지 여자인지는 중요하지 않다. 안은미의 알몸은 성적환상을 제거한 것이다. 알몸은 야한 것, 은밀한 것, 상업적인 것이라는 사회의 편견에 저항한다.

④ 도발 : 안은미의 작품은 무용을 모르는 사람에게도 쉽게 다가가고, 무용을 모르는 사람에게는 더욱 강한 호소력을 가진다. '무용은 이래야 한다.'는 고정관념이나 선입견은 안은미의 작품을 이해하는데 되레 걸림돌이 된다. 안은미의 작품이 도발적이라는 평가는 기성무용계의 시각이다.

⑤ 음악 : 어어부밴드의 장영규가 빚어내는 음악은 단순하면서도 중독적이다. 안은미는 이 현란한 음악을 '무당이 작두를 타듯' 타고 넘는다. 고지연의 가야금, 강은일의 해금 등 국악반주와 판소리를 테크노 리듬으로 용해시키는 장영규의 솜씨는 가히 천재적이다.

4) 신춘향의 벤치마킹 포인트

전통적인 설화를 현대적으로 적용하여 현대적 감성에 맞게 변화 시킨 것처럼 탈이라는 소재를 현대적으로 재창조 하겠다는 의미에서 현대분위기에 맞는 탈 뮤지컬로 벤치마킹하였다. 그러나 벤치마킹이라고 해서 전체적 분위기 및 무대 등을 따라 한 것은 아니다. 새로운 각색의 의미와 신선한 변화에서 아이디어를 얻었을 뿐이다. 신 춘향전의 각색이 새롭고 신선한 것이었던 것처럼 탈 뮤지컬도 새롭고 신선하기 위하여 그에 맞는 변화를 갖는다. 전설을 현대적으로 각색했다는 점과 탈을 현대적으로 뮤지컬화 하겠다는 점에서 의미가 비슷하나 그 구성은 많이 다르다. 의미의 벤치마킹일 뿐이니 속내는 전혀 다른 모습을 갖추고 있다. 신 춘향은 다소 강한 변화를 이끌고 엽기적이고 도발적이기까지 한 면도 있으나 우리의 뮤지컬은 좀 더 부드러운 변화로 탈의 의미를 전달하고 인식을 깨우치는데 있다.

5. OSMU

5.1 Popup Book

우리가 알리고자 하는 탈 이야기를 팸플릿 형식의 작은 책으로 만들어서 나눠준다. 크기가 작기 때문에 소장하기 쉽고, 입체적으로 만들어져 책을 펼치면 이야기에 따라 모양을 만들어 느끼게 할 수 있는 교육용으로도 손색이 없다.

정교한 성 성벽이 사각뿐 아니라 원형으로도 표현
거리간의 제작기간의 정교함을 엿보게해줍니다.

에메랄드 성을 그냥 보면 장님이 된다고 한다.
같이 들어있는 초록색 안경을 끼고 보면
책속의 숨어있는 무언가(?)를 보실수
있습니다.

어른들은 볼수없어요 순수한 아이들만 볼수있는 아름다운 성

여러분 조심하세요!!
책장을 펼치는 순간 거대한 토네이도가 빙글빙글 돌아갑니다.
(얼굴을 가까이 대 보면 미약하지만 실제 바람이 느껴집니다. ^^)

5.2 유리공예

베네치아가 특히 유리공예로 유명한데 우리의 전통소재인 탈과 베네치아의 지역적 특성을 반영한 '유리공예 탈'을 만들어 탈에 대한 거부감을 줄이고 좀 더 친근하게 이탈리아 인 뿐만 아니라 외국인에게도 알릴 수 있는 기회를 마련한다.

5.3 캐릭터

탈의 종류는 많은데, 종류에 따라 성격도 다르므로 종류와 성격에 맞게 캐릭터를 귀엽게 승화시켜서 기념품과 열쇠고리, 목걸이, 부채 등 실생활에서도 필요하고 사용 가능한 상품을 만들도록 한다.

5.4 영화

이미 '왕의 남자'를 통해 문화원형을 반영한 영화가 크게 성공한 바를 알고 있으므로 이를 잘 이용해 영화화한다. 하지만 우리의 목적은 대중화가 아닌 단지 알리고자 하는 것이므로 상업영화보다는 독립영화나 디지털 영화 같은 인디영화에 중점을 둔다.

5.5 OST

무언극이므로 배경음과 의상 등으로 심리표현과 내용 등을 나타내기 때문에 음악이 매우 중요한데 나중에 극에 나왔던 음악들을 모아 ost를 제작한다. 동양적 느낌인 국악과 서양적 느낌인 클래식 악기들의 조화로 독특한 매력을 발산하기 때문에 소장용으로 가치가 있다.

5.6 게임

유럽은 모바일 게임 보다는 온라인 게임이 더 인기 있으므로 온라인 게임으로 방향을 잡고 원래 하회탈극의 특성을 살려 동양문화에 관심이 있는 매니아 층을 살린 게임을 만든다.

6. 프로모션 전략

6.1 홈페이지 운영

한국어, 영어, 이탈리아어를 중심으로 홈페이지를 구성한다. 홈페이지는 한국의 탈의 종류와 그 유래, 이야기를 담고 있다. 뿐만 아니라 한국 여행 중 탈춤과 같은 공연을 보고 싶어 하는 외국인들을 위하여 공연을 하는 곳과 일시 가격 등 상세한 정보를 업데이트 해준다. 하회탈의 중심지인 안동을 시작으로 탈의 이야기를 따라 한국 여행을 할 수 있는 테마투어 가이드를 작성하여 알려준다.

6.2 공연 전

1) 전단 광고를 통한 티저 광고를 하여 궁금증 유발
2) 포탈사이트 키워드검색 광고와 베네치아, 축제, 한국과 관련된 사이트에 팝업창을 띄움
3) 티저 광고에 대한 궁금증을 해결해 주면서 우리의 탈 무언극에 대해 알 수 있도록 정보제공

6.3 공연과 함께

1) 공연을 보는 사람들에게 번호표를 나눠준 후 공연이 끝난 후 추첨을
   통해 탈 목걸이를 줌
2) 홈페이지에 후기를 남겨준 사람 중 2명 정도만 뽑아서 유리공예 탈을
   보내줌
3) 베네치아, 축제, 한국 관련된 사이트에 팝업창
4) 포탈사이트 키워드검색 광고
5) 베네치아 카니발 축제 할 때 팸플릿에 우리 공연 소식을 실음

6.4 공연 후

홈페이지 운영을 활성화 하여, 탈에 대한 정보를 계속적으로 제공해
준다.

6.5 신문기사

6.6 이벤트

1) 미니탈을 만들어 외국이름을(Totti) 한국어(또띠)로 새겨주는 이벤트를 실시한다. 만든 기념품은 개인소장 가능, 그리고 핸드폰 줄이나 열쇠고리로 이용가능하다.

2) 탈 헤드폰: 번호표에 적힌 번호로 관람 후에 할 수 있는 이벤트로 만들어진 탈 헤드폰은 이어폰에 탈을 부착하여서 희소성이 있는 선물이 되게끔 만들어졌다.

3) 뮤지컬을 보고 포스터와 사진을 찍어 보내면 한국의 안동하회마을 탈춤페스티벌 오리지널 쇼를 관람할 수 있는 기회를 준다. 익살스러운 탈의 모습을 담아야 한다.

4) 탈 도장: 노트나 책등 개인 소장품에 도장을 찍고 이니셜을 찍을 수 있게 만들어진 스탬프.

5) 탈 스티커: 영원한 사랑을 비는 탈 반짝이 입체스티커

6) 탈 브릿지, 탈 핀, 탈 목걸이, 탈 반지 등의 액세서리 패키지 만듦.

7) 메모지, 금장 책갈피, 파일박스.

6.7 제휴사

1) 베네통 - 베네통은 다양한 컬러와 컨셉으로 많은 사람들에게 사랑받고 있는 브랜드이다. 우리의 의상에도 이 같은 다채로운 컬러와 디자인이 가미되어야 하기 때문에 베네통과 제휴를 맺고 의상을 협찬 받을 계획이다.

2) CJ엔터테인먼트 - 공연에 들어갈 부수적인 금액과 장소협찬을 의뢰.

공연장소는 성마르코 광장으로 결정.

┃참고 문헌┃

김기영, 「지역 오페라단을 통해 본 오페라 티켓 수요 결정요인에 관한 연구」, 『음악
　　　과 민족』 20권, 2000

김춘식, 『세계축제경영』 (베네치아 카니발 편), 김영사, 2002

김형기 외, [가면과 욕망], 연극과 인간, 2005

곽병휴, [독일문화 틈새 읽기], 동남기획, 2002

류정아 외, [유럽의 축제문화], 연세대학교 출판부, 2003

명인서, 『탈춤, 동양의 전통극 서양의 실험극』 연극과인간, 2002

박선희, 『한국오페라 공연실태 조사』, 문화예술, 1987

박진규 외, [지역문화와 축제], 글누림, 2005

안동대학교 안동문화연구소, 『하회탈과 하회탈춤의 미학』, 사계절출판사, 1999

알레산드로 팔라시, 레이먼드 플라워, 『큐리어스시리즈-27이탈리아』, 휘슬러, 2005

울리히 쿤 하인, 『유럽의 축제』, 컬처라인, 2001

유시민, 『유시민과 함께 읽는 유럽문화이야기2』(이탈리아편), 푸른나무, 1998

안기수 외, [우리문화의 이야기], 보고사, 2002

임재해, 『하회탈 하회탈춤』, 지식산업사, 1999

이관우, [독일문화의 이해], 학문사, 2003

정목일, [한국의 아름다운 77가지], 세계문예, 2005

팀 놀렌, 지구촌 문화충격 탈출기 체코, 지금, 2005

홍승찬, 「공연예술의 마케팅 전략 Ⅱ」, 『음악학』 7권, 2000.

F.콜버트 외, 박옥진 외 옮김, 『문화예술 마케팅』, 태학사, 2005

허순란, 『예술 엔터테인먼트 이젠 마케팅으로 승부한다』, 아진, 2005

학회자료, 「뮤지컬 '난타' 기획자 송승환」, 『청소년문화포럼』 3권, 2001

주간동아 2002년 6월 6일자 기사 중 발췌

http://www.bboymaster.com/

http://ticket.interpark.com/Ticket/Goods/GoodsInfo.asp?GoodsCode=08006428

http://www.narodni-divadlo.cz/Default.aspx?jz=en&dk=vstupenky.aspx

http://www.hankyung.com/news/app/newsview.php?aid=2008092984391

http://w2.pcu.ac.kr/~german/04/04-1/4-1-1/04-1-1-2.htm

http://www.kospo.co.kr/webzine/20040102/festival/festival_02_02.htm

공연예술과 글로벌 마케팅

—글로벌 마케팅 사례를 중심으로—

초판 1쇄 인쇄 2014년 8월 25일
초판 1쇄 발행 2014년 8월 30일

저자 / 김 유 리
발행 / 김 진 수

발행처 / **한국문화사**
등록번호 / 2-1276호(1991.11.9)
주소 / 서울시 성동구 광나루로 130 서울숲IT캐슬 1310호
전화 / 464-7708(대표) · 팩스 / 499-0846
URL / www.hankookmunhwasa.co.kr
e-mail / hkm7708@hanmail.net

ISBN 978-89-6817-166-6 93680